1~2 歳児

楽しいしかけがい

カードシアターあそび 12か月

監修：乳幼児教育研究所　浅野ななみ

池田書店

もくじ

本書の使い方

演じるのにおすすめの月

演じるのにおすすめの月「12か月」と、いつでも使える「通年」に分けて作品を収録しています。

歌に合わせて

語りだけでなく歌って演じる場面では「♪」のマークが付いています。

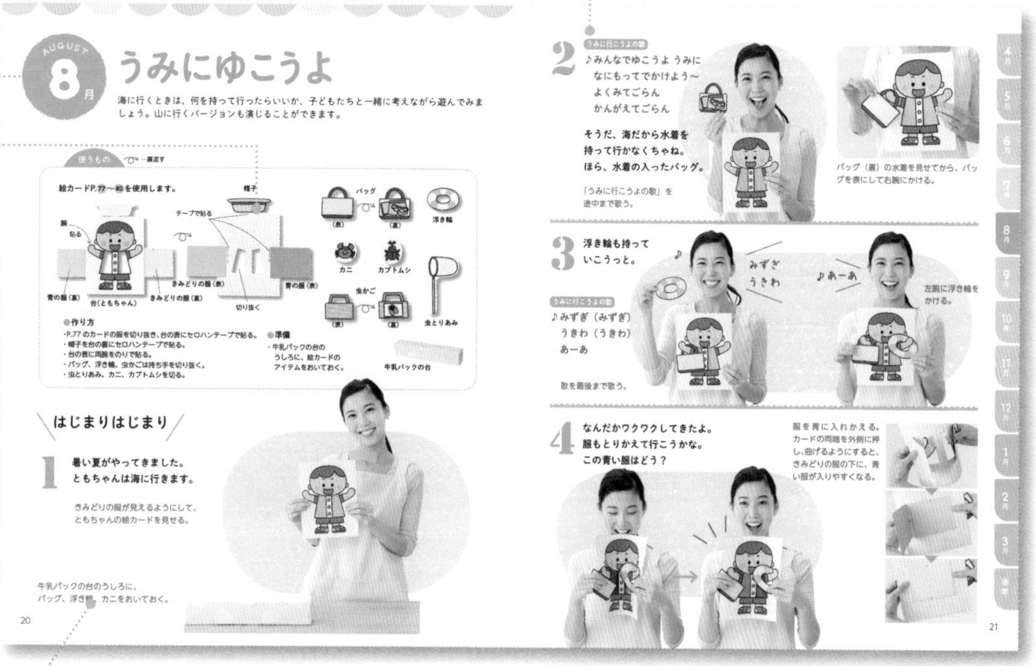

使うもの

作品を演じるときに使う絵カードや、その他に準備するものについて記載しています。

★巻末に両面印刷の絵カードが付いています。

演じ方とセリフ

写真とシナリオで演じ方の見本を紹介しています。シナリオを参考にして、子ども達の発達年齢や反応に合わせながらセリフを楽しくアレンジしてください。

アレンジ

基本の演じ方とは別に、アレンジした演じ方や遊び方を紹介しています。

楽譜

物語の中で歌があるものは、楽譜を掲載しています。ピアノ等を弾いてメロディーを確認してから歌いましょう。

絵カードについて

巻末にある絵カードは全部で 36 枚あり、ミシン目に沿って本から切り離します。
必要に応じて切り取ったり、折り曲げたり、カッターナイフで切り込みを入れたりして使用します。
絵カードの裏側から切るものもあるので注意してください。

絵カードの線の見方

キリトリ線

キリトリ線で切り取るもの（余白をつけるもの）と、黒い実線で切り取るもの（余白をつけないもの）があります。

「はたらくくるまがやってきた」の絵カード（P. 95 ）のトラックは、青い線に沿って切り取ります。

キリトリ線で切り取る

実線で切り取る

青い線で切り取る

切り込み線

青色の切り込み線は、カッターナイフで切り込みを入れます。

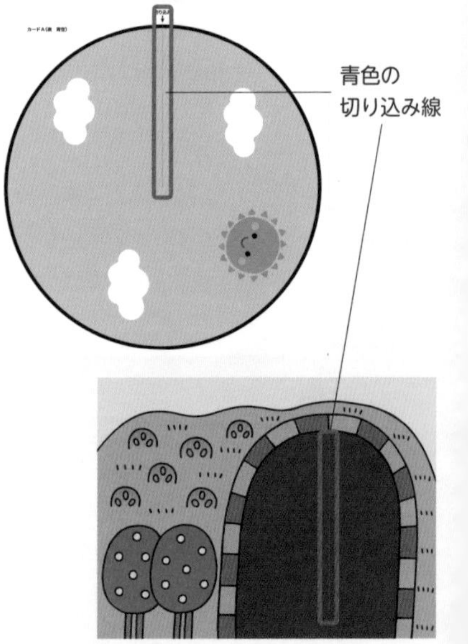

山折り線・谷折り線

山折り線（ ···—···—··· ）と谷折り線（ ーーーー ）があります。本書の絵カードは、折った絵カードを表に倒したり、裏に倒したりするので、折り線は山折りにも谷折りにも使えるように、折りぐせをつけておきましょう。

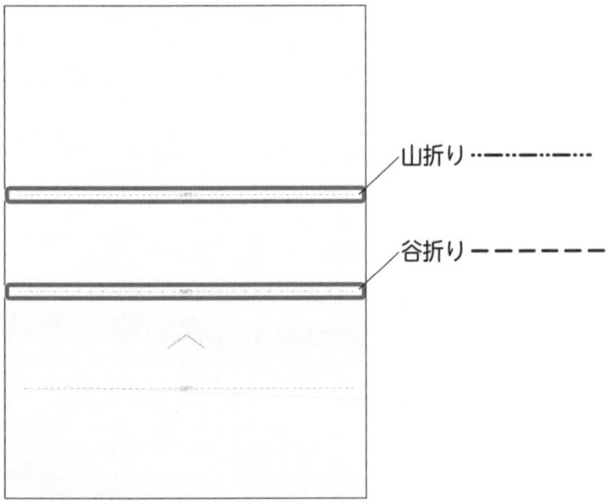

切り抜く

「うみにゆこうよ」の絵カード（P. 77 ）などの部分は切り抜きます。

演じ方4つのポイント

演じるときの舞台の作り方やセリフなどの決まりは特にありませんが、
より効果的な演じ方を行うために、次のポイントをおさえておくとよいでしょう。

ポイント1 表情はわかりやすく 動きは大きく

作品の内容に合わせて喜怒哀楽の表情をはっきり出し、動きがあるときは大きくわかりやすく演じましょう。そうすることで子ども達も感情移入がしやすく、お話の世界に引き込まれていきます。

● 「なかよしさんがいっぱい」(P.7) より

不安そうに

● 「なかよしさんがいっぱい」(P.9) より

うれしそうに

ポイント2 子ども達との やりとりを楽しむ

演じながら「外に出るときかぶるもの、なんだったかなあ～」などと、子ども達に問いかけ、返事や答えを引き出す言葉をかけましょう。

ポイント3 効果的アイテム 牛乳パックの台

牛乳パックを2個つなげて、色画用紙を貼ったものです。机の上で演じる際、次に出てくる絵カードや演じ終わった絵カードを隠しておける台（蹴《け》込《こ》み台）があると、子どもが演者の手元の絵カードに集中することができます。

牛乳パックの台（蹴込み台）の作り方

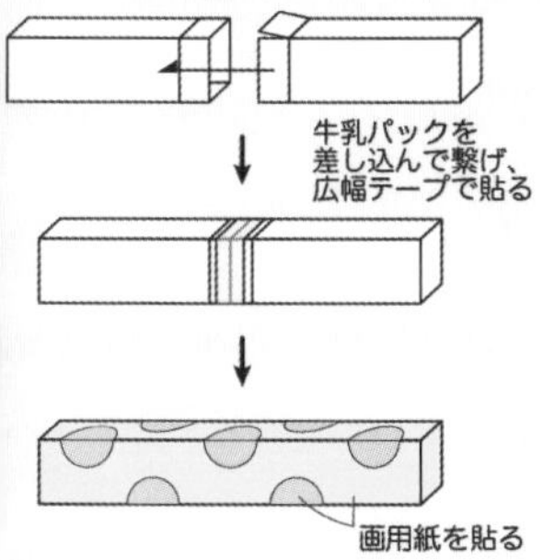

牛乳パックの注ぎ口を開き、2個を図のように差し込み、広幅テープでしっかりとめて、上から色画用紙を貼る。

ポイント4 効果的アイテム タブレットスタンド・空き箱

「はたらくくるまがやってきた」（P.32～）のトンネルを立たせるときなどに使います。タブレットスタンドを使うと、両手を使って絵カードを操作できるので便利です。

（空き箱で支えて立たせる）

（タブレットスタンドで立たせる）

APRIL
4月

なかよしさんがいっぱい

園に行くのがちょっと不安な動物達。元気に行くことができるなかな？入園・進級のときに見せたいシアターです。

はじまりはじまり

1 おや？
草の中にだれかいますよ。
だれでしょう。

野原を見せる。

使うもの

…裏返す

絵カードP.57～62を使用します。

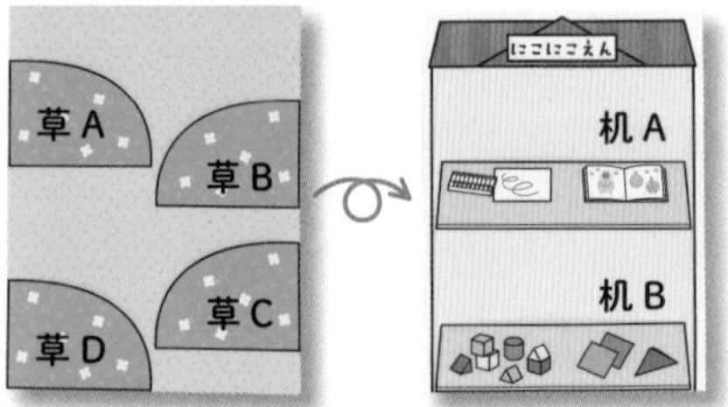

野原（表）　にこにこ園（裏）

（表）ねこ（裏）　（表）きつね（裏）

（表）いぬ（裏）　（表）ぶた（裏）

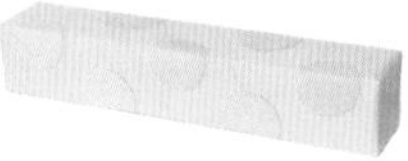

牛乳パックの台

●作り方

- P.60野原に草A・B・C・Dを貼る。
- にこにこ園に机A・Bを貼る。

●準備

- 草A・B・C・Dに、裏面にした絵人形を差し込む。
- 牛乳パックの台をおく。

2 「ニャンニャーン……」って
言っているのは……
あっ、ねこちゃんでした。

ねこ（裏）をとり出す。

3 「ニャニャニャオ　ニャニャーンニャニャーン」
ねこちゃんどうしたの……。
えーっ?!　にこにこ園に
行きたくないんだって……。
困ったねぇ～。

泣きそうな声で言う。

ねこの話を聞く仕草をする。その後、
ねこは牛乳パックの台の後ろにおく。
（以下３匹**2**～**3**と同じように演じる）

4 「ワワンワーン」って言っているのは
だれでしょう。あっ、いぬちゃんでした。
「ワワワーンワーンワーン」
いぬちゃんは、にこにこ園に
行くのがこわいんだって。
困ったねぇ～。

いぬ（裏）をとり出す。

5 「ブウーイブウーイ」と言っているのは
だれでしょう。あっ、ぶたちゃんでした。
「ブウブウブーイブイブイブイ」
ぶたちゃんは、にこにこ園に
行きたくないんだって……。
困ったねぇ。

ぶた（裏）をとり出す。

6 「コンコーンコン」と言っているのは
だれでしょう……。きつねちゃんでした。
「コンコンココンのコンコココーン」
きつねちゃんは、にこにこ園に
行くのがこわいんだって。
困った……困った……。

きつね（裏）を
とり出す。

7 ねえ、○○組のみんなは園が好き？
園は楽しいよね！
動物さんたちに歌を歌って、
園は楽しいところだよ、って
教えてあげようね。

４匹（裏）を持ち、子
ども達に問いかける。

8

にこにこ園の歌

♪にこにこえんは　たのしいな
みんなでいこう
みんなであそぼう
にこにこえんは　たのしいな

「にこにこ園の歌」を歌う。

9

みんなが歌ってくれたので、
動物さんたちがにこにこ園に
やって来ましたよ。
ここがにこにこ園です。
ホラ、いろいろなものがあります。

野原を裏返し「にこにこ園」にする。

10

するとねこちゃんがやって来て、
「ニャーン　クレヨンがあるよ。
面白そう！絵を描こうっと」
と言って、机の前に
すわりました。

机の前に座りました

ねこ（表）を、クレヨンのある机に差す。
以下３匹**10**と同じように演じる。

11 今度はいぬちゃんがやって来て、「ワーン　えほんだ！おもしろそう」

いぬ（表）を、本のある机に差す。

12 次はぶたちゃんがやって来て、「ブーイ　つみきだ！おもしろそう」

ぶた（表）を、つみきのある机に差す。

13 きつねさんもやって来て、「コーン　おりがみだいすき」

きつね（裏）を、折り紙のある机に差す。

14 みんなにこにこ笑顔になりましたよ。

園は、楽しいことがいーっぱい。
みーんななかよし、
ともだちもいーっぱい。
いつもにこにこ笑顔で
園に来てね！

おしまい

♪ にこにこ園の歌（「大きな栗の木の下で」より）

作詞／浅野ななみ　作曲／イギリス民謡

4月 5月 6月 7月 8月 9月 10月 11月 12月 1月 2月 3月 通年

MAY

5月

およげこいのぼり

こいのぼりは風が吹くと、空に泳ぐことができます。風の子はじょうずにこいのぼりを泳がせることができるかな？こどもの日の前後に演じたい作品です。

はじまりはじまり

1 **もうすぐ５月５日の子どもの日です。こいのぼりが元気に空を泳いでいますよ。そこにヒュルルルル……とやって来たのは風の子です。**

左ひとさし指に風の子をはめて見せる。

使うもの

…裏返す

絵カードP.63～66を使用します。

台（青空）

こいのぼり

●作り方

- P.63の台(青空)の表に、雲を貼る。
- 風の子を指にはめられるよう輪を作る。
- 台（青空）の裏にダンボールの支え台を作り貼る。

●準備

- こいのぼり（表）を雲Bにさし込む。(ポールにこいのひもがつくようにさし込む)
- 演じ手の左ひとさし指に風の子をはめる。
- 風のお母さんを台（青空）のうしろにおく。

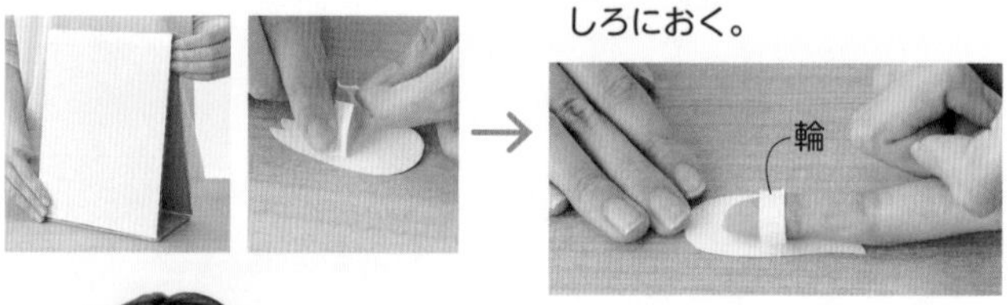

2 **「こいのぼりさーん、いっぱい風を吹かせてあげるよ」と言うと、こいのぼりは「ありがとう」と大喜び！**

左手でこいのぼりを持ち、尾を軽く前後に振る。

3 ♪「やねよりたかいこいのぼり……」
ビュワーン
♪「おおきいまごいはおとうさん……」
ビュビュビューッ

歌いながら風の子を台（青空）の前で大きくまわす。

4 あんまりいきおいよく風がふいたので、
プチンとひもが切れて……うわあ～っ！

こいのぼりを持ち、上で振る。

5 たいへん。「目がまわるう～」
空からおちそうに
なってしまいました。
「タ・ス・ケ・テー！」

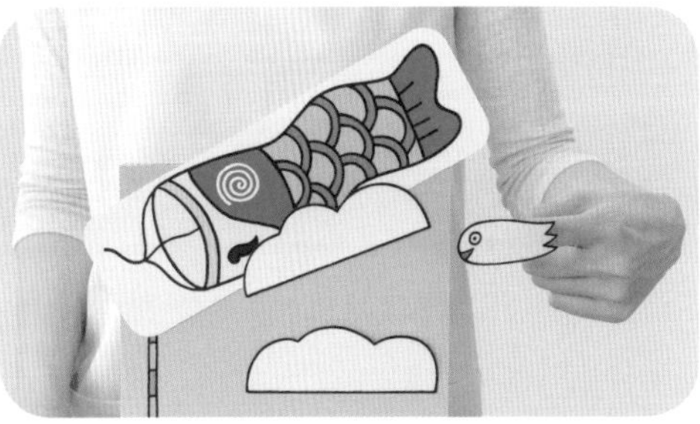

こいのぼりを裏返し、下むきになるように雲Ａにさす。

6 そのとき風のお母さんが
とんできて……
ビューン、キャッチ！
こいのぼりをつかまえました。

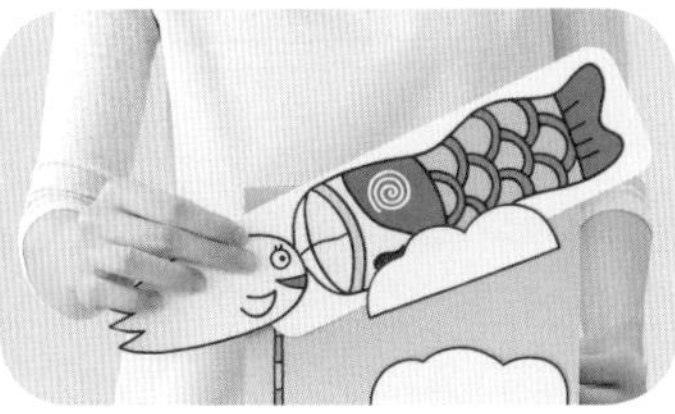

右手で風のお母さんを持ったまま、こいのぼりも右手でつかみ、雲Ａからひきぬく。

7「こいのぼりさん、
ごめんなさいね。
うちの子、まだじょうずに
風をふかせることが
できないんです」

風の子どもは台のうしろにかくし、風のお母さんとこいのぼりが会話をしているように演じる。

8 さあ、いそいでひもをしっかり
むすびなおしましょう。
「風のお母さん、ありがとう」

こいのぼりを表面にして、ひもがポールにつくように雲Bにさす。

9 はい、こんどはしっかり
むすびましたよ。

風のお母さんを雲Cにさす。

10 風の子は
「こいのぼりさん、ごめんなさい。
今度はもっとじょうずに吹かせるよ」
と言って、やさしい風を
吹かせ始めました。

台の前で風の子をやさしくまわす。

11 風のお母さんも、子どもといっしょに
♪「やねよりたかいこいのぼり〜」
と歌いながら、
やさしい風を
こいのぼりに
吹きかけました。
ホラ、こいのぼりは
とってもうれしそう。
よかったね。

♪ こいのぼり

絵本唱歌　作詞／近藤宮子　作曲／無名著作物

JUNE 6月

はみがきじょうずだね

クマちゃんが歯をみがくと、口の中からバイキンが逃げ出すしかけが楽しい作品。
6月4日のむし歯予防デーの頃だけでなく、折々に演じて見せましょう。

使うもの

…裏返す

絵カードP.67〜70を使用します。

クマちゃん

歯ブラシ

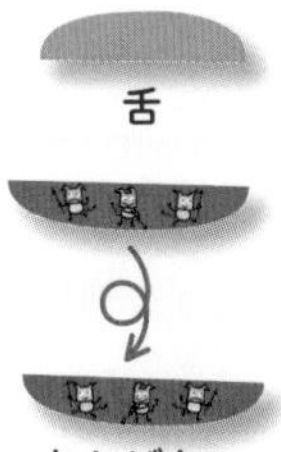

むしばキン

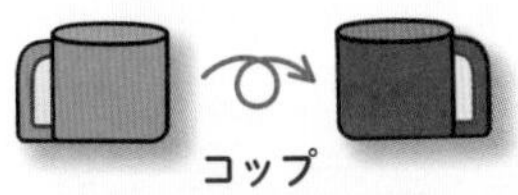
コップ

牛乳パックの台

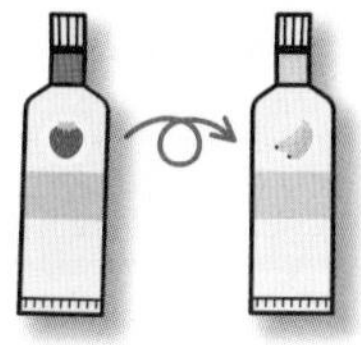
歯みがきチューブ

●作り方

- クマちゃんの顔を折り、口の中に切り込みを入れる。
- 舌を貼る。
- はみがきチューブを切る。
- コップを切ってもち手を折り、立つようにする。
- 歯ブラシを作る。
- むしばキンを切る。

●準備

- むしばキンを、口の中の切り込みにひっかかるように差し入れる。
- 舌から5㎜ほどむしばキンの絵カードが出るようにし、引き抜きやすくセットする。
- 牛乳パックの台をおいておく。

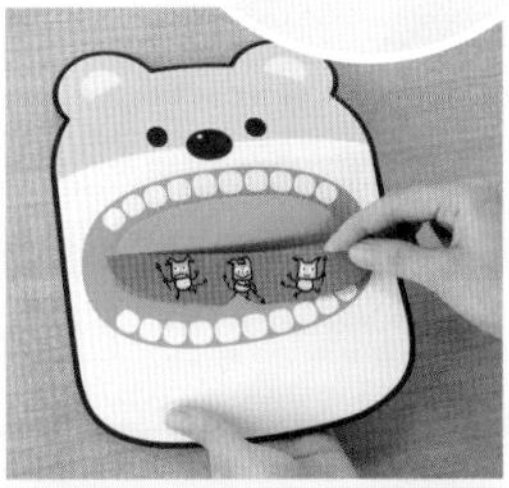

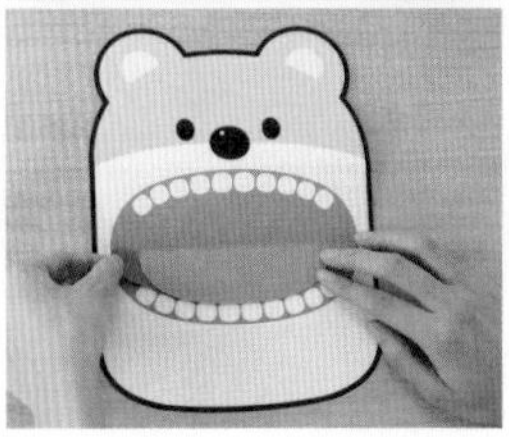

はじまりはじまり

1 みなさんこんにちは。
ぼく、
クマちゃんでーす。

クマちゃんの口をたたんで見せる。

2 今ごはんを食べたんだ。
ごはんを食べたらすることがあるよね。
みんなはわかるかな？

クマちゃんの口を開閉させて、子どもに問いかける。

3 そう、歯みがきだよね。これはイチゴの歯みがきチューブだよ。キャップをあけて……。

クマちゃんを机におき、歯みがきチューブを見せる。

キャップをあける
（点線を折る）

キャップをしめる
（元にもどす）

4 歯ブラシにチューッ！と、歯みがきこをつけます。

歯みがきチューブのキャップを折り、歯ブラシに歯みがき粉をつける仕草をする。

5 キャップをしめて……。

キャップをもとにもどし、机の上におく。

6 さあみがくよ　まねっこはみがき１番

①♪クマちゃんの
はみがき
シュシュシュ
……

クマちゃんの歯を、「まねっこはみがき」の１番にあわせて、左右にみがく。

②♪パァ

開いた口を見せる。

③♪まねっこみんなで
シュシュシュ……

上下にみがく。

④♪パァ

②に同じ

みがき終わったら歯ブラシを、机におく。

7 こんどはおみずで

まねっこはみがき２番

♪クマちゃんの うがい
　ゴロゴロゴロ……

コップを持ち、水を口にふくませる仕草をしながら、「まねっこはみがき」２番を歌う。

8 ♪パァ

コップを机におき、クマちゃんの口をパッと開け､水を出す仕草をする。（歌詞にあわせ７、８を繰り返す。）

9 「ああきもちよかった。ほら、見て。

ぼくの歯まっ白だ！」
ほんと、クマちゃんは
はみがきじょうずだね！

10 そのとき、お口のなかから……。

「ウーンもうだめだ。
にげろにげろ、ここには
いられない。
た　す　け　て……」

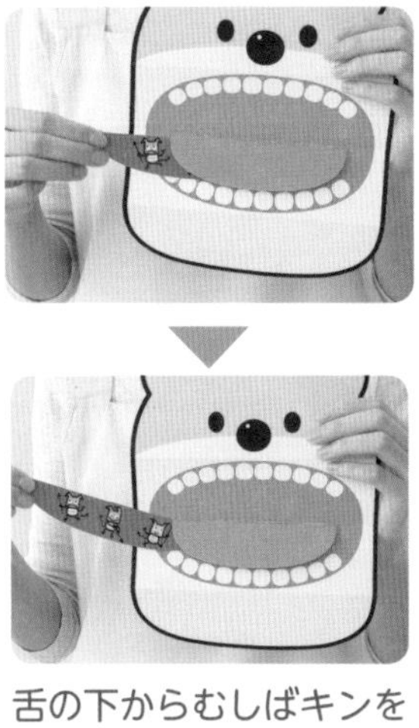

舌の下からむしばキンを持って引き出す。

11 みて！　むしばキンがにげだしてきましたよ。

子ども達にむしばキンをよく見せる。

12 「ウーンもう、だ・め・だあ～っ！やられた～」

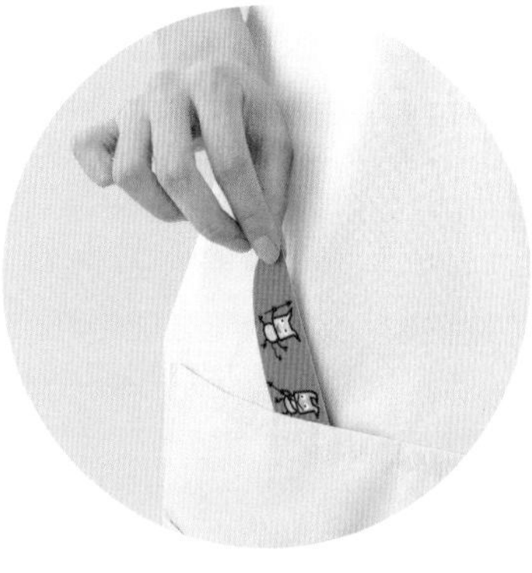

むしばキンを大きく回してから演じ手のエプロンのポケットにをかくす。

13 ああよかった。歯みがきしたから、むしばキンがにげていったのね。

演じ手とクマちゃんで会話をする。

14 クマちゃんが言いましたよ。「みんなもごはんを食べたら歯みがき、おやつを食べたら歯みがきだよ！」そうね、歯みがき忘れないでね。

クマちゃんが子ども達にむかって話をする。

＼おしまい／

アレンジ

- 歯みがきチューブはイチゴとバナナに、コップも赤と青になっています。
「今日は赤いコップとバナナ味の歯みがきね……」など、色をかえて演じてみましょう。
- 「まねっこはみがき」の元詞は「ぞうさんのはみがき」ですが､ここでは「クマちゃんの」と歌い替えています。

♪ まねっこはみがき

JULY
7月

おりひめひこぼし

七夕の由来を簡単なストーリー仕立てにし、セリフにあわせて絵を見せます。
最後に大きなカササギの橋が出てきます。

はじまりはじまり

使うもの　…裏返す

絵カードP.71～76を使用します。

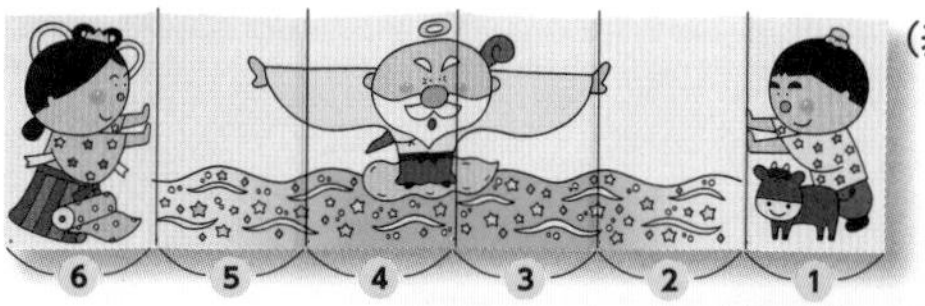

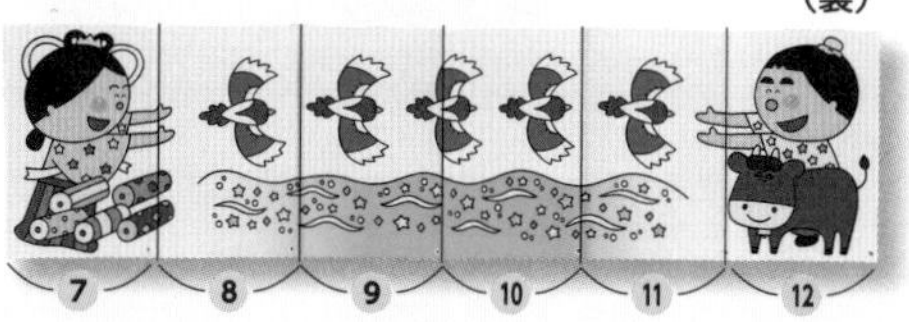

●作り方

・各ページを①～⑥になるようテープで貼る。
※メンディングテープを貼ると仕上がりがきれいになる。

●準備

・じゃばらに折りたたむ。

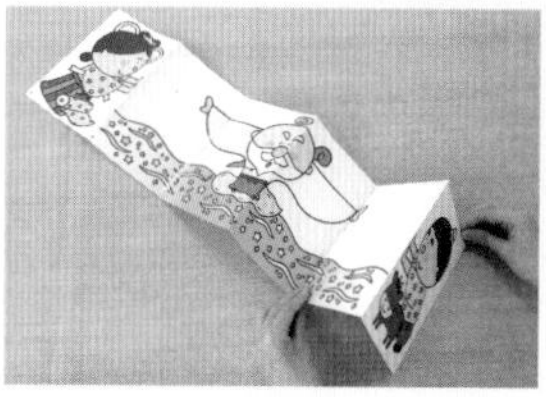

1

これはひこ星《ぼし》というお星さまです。牛を育てる仕事をしています。

①を見せ、うしを指さす。

2

こちらにいるのは、おりひめ星《ぼし》というお星さまです。うつくしい「きれ」を作る仕事をしています。

たたんだまま⑥を見せ、反物を指さす。

3

ふたりはとーってもなかよし。

キラキラなかよしの歌

♪おりひめぼしと ひこぼしは…

⑥と①を見せ、「キラキラなかよしの歌」を歌いながら自由に動かす。

4

これを見ていた天《てん》の神さまは……

6 1を折ったまま、2 3 4 5が見えるようゆっくりひろげる。

5

「あそんでばかりいて仕事をしないなら、
ふたりが仕事をするように、
ここに川を作って会えないようにしよう……。
天《あま》の川よ出ろ！」

2 3 4 5をひろげる。

6

「ああ、おりひめさまーっ。」

1を出す。

7

「ああ、ひこ星さまーっ。」

6を出す。

自由に6、7のセリフをくり返す。

8

こうしてふたりは
会えなくなってしまいました。

じゃばらにたたみ、手を合わせて持つ。

9

しばらくして……見てください。
ひこ星は、こんなにりっぱに
牛を育てました。

12を表に折って見せる。

10 おりひめ星も、ほら　こんなにたくさん
うつくしい「きれ」を作りましたよ。

7を表に折って見せる。

11 天の神さまは、ふたりがよく仕事を
したので、一年に一度、7月7日の夜に、
会わせてあげることにしました。
どうやって会えたのかな。

7 12を元にもどし、ジャバラにたたむ。（8に同じ。）

12 それはね、カササギという鳥が、天の川の上にはしを作って……
その上をわたってふたりは会うことができたんです。よかったね。

7 8 9 10 11 12をゆっくりひろげて見せる。

おしまい

♪ キラキラなかよしの歌（「ごんべさんの赤ちゃん」より）

作詞／浅野ななみ　作曲／アメリカ民謡

AUGUST

8月

うみにゆこうよ

海に行くときは、何を持って行ったらいいか、子どもたちと一緒に考えながら遊んでみましょう。山に行くバージョンも演じることができます。

使うもの

（↻）…裏返す

絵カードP.77～82を使用します。

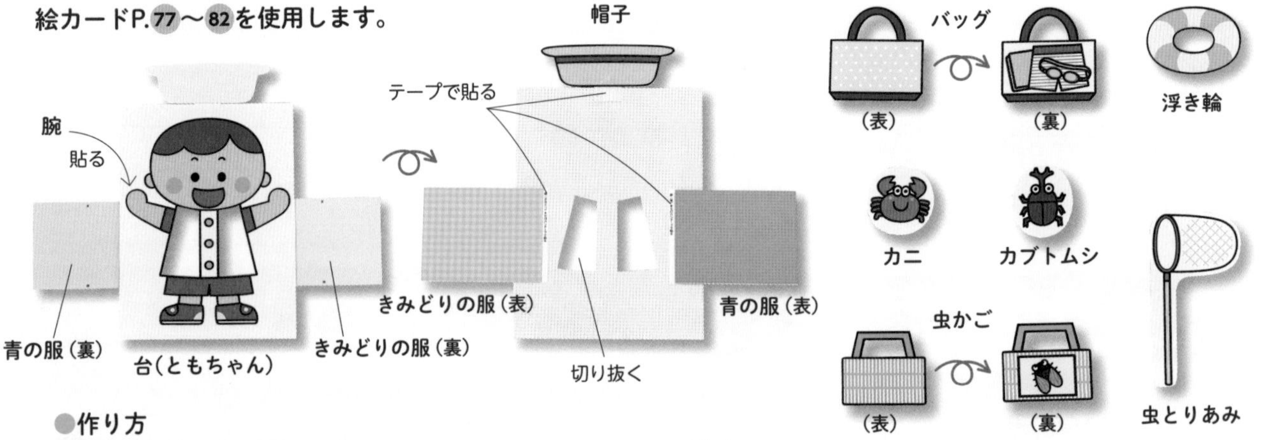

●作り方

- P.77 のカードの服を切り抜き、台の表にセロハンテープで貼る。
- 帽子を台の裏にセロハンテープで貼る。
- 台の表に両腕をのりで貼る。
- バッグ、浮き輪、虫かごは持ち手を切り抜く。
- 虫とりあみ、カニ、カブトムシを切る。

●準備

- 牛乳パックの台のうしろに、絵カードのアイテムをおいておく。

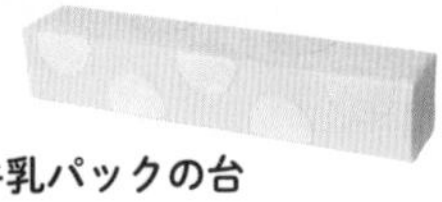

牛乳パックの台

はじまりはじまり

1　暑い夏がやってきました。ともちゃんは海に行きます。

きみどりの服が見えるようにして、ともちゃんの絵カードを見せる。

牛乳パックの台のうしろに、バッグ、浮き輪、カニをおいておく。

2

うみに行こうよの歌

♪みんなでゆこうよ うみに
なにもってでかけよう～
よくみてごらん
かんがえてごらん

そうだ、海だから水着を持って行かなくちゃね。ほら、水着の入ったバッグ。

「うみに行こうよの歌」を途中まで歌う。

バッグ（裏）の水着を見せてから、バッグを表にして右腕にかける。

3

浮き輪も持っていこうっと。

うみに行こうよの歌

♪みずぎ（みずぎ）
うきわ（うきわ）
あーあ

歌を最後まで歌う。

左腕に浮き輪をかける。

4

なんだかワクワクしてきたよ。服もとりかえて行こうかな。この青い服はどう？

服を青に入れかえる。カードの両端を外側に押し、曲げるようにすると、きみどりの服の下に、青い服が入りやすくなる。

5 **それから～**
外に出るときは
なにかをかぶるんだよね。
なんだったかなあ～
そう、帽子。

子どもたちに問いかけながらカードの裏から帽子を出してかぶせる。

6 **♪みんなでゆこうよ うみに**
なにもってでかけよう～
海に着いたよ。
あっ、カニさんがいるよ！

「うみに行こうよの歌」を途中まで歌いながら絵カードをよく見せ、最後にカニを出す。

7 **「カニさんこんにちは」**
「ともちゃんこんにちは」
わーい、海はたのしいな！

カニを絵カード下の切り込みにさす。

アレンジ　持ち物を、虫とりあみ、虫かご、カブトムシのカードにとりかえて、「山にゆこうよ」に替えてあそんでみましょう。

1

服は最初青を着せます。水着バッグのかわりに虫かご、うきわのかわりに虫とりアミをもたせます。

2

服をきみどりにかえます。

3

4

帽子をかぶせ、カブトムシを出します。

5

カブトムシを絵カードの下の切り込みに差します。

♪ うみに行こうよの歌（「やおやのおみせ」より）

作詞／浅野ななみ　作曲／フランス民謡

SEPTEMBER 9月

にゃんちゅういもほり

ねずみファミリーがおいもを抜きますが、なかなか抜けません。見ている子ども達も、一緒に応援しましょう！子どもの言葉を引き出すシアターです。

使うもの　…裏返す

絵カードP.83～88を使用します。

（表）

（裏）

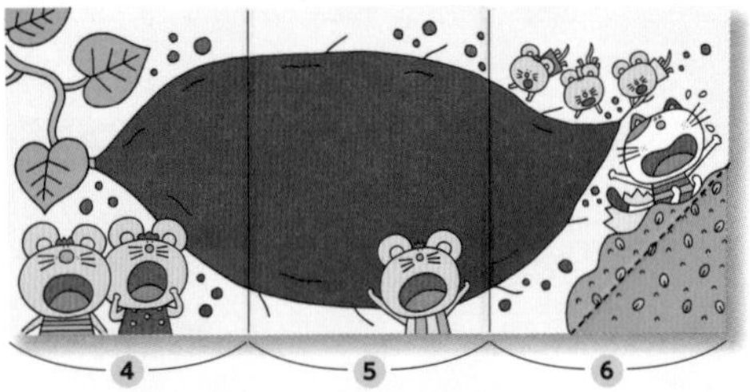

●作り方

・各ページを①②③と繋がるようにテープで貼る。
※メンディングテープを貼ると、仕上がりがきれいになる。
・③（⑥）の角を折る。

●準備

③の角を折る。　①②③をジャバラに折る。

1

みんなの大好きなさつまいもはね、
土の中でできるんです。
今日はそんなさつまいもがでてくる
「にゃんちゅういもほり」のお話です。

＼はじまりはじまり／

絵カードをうしろに隠して、子ども達の前に立つ。

2

ほら、見てください。
ねずみさんの畑でさつまいもができました。お父さんねずみがつるをつかんで……。

1を見せる。

3

ぬこうよおいもの歌１番

♪はたけにおいもが……
ウントコショ「ふぅ〜っ」
つるを引っぱりましたが
ぬけません。

❶を左右に振りながら「ぬこうよおいもの歌」１番を歌う。

4

「おーいお母さーん、お兄さん、
おいもをぬくの手伝ってーっ！」

呼ぶ仕草をする。

5

「おてつだいしますよチュー」
「まかせてチュー」と、
お母さんとお兄さんねずみが
やってきました。

❶はそのままにして、続けて❷をみせる。

6

ぬこうよおいもの歌１番

♪はたけに……ウントコショ
「ふぅ〜っ」

３に同じ。ただし、１回目より大きな動きと声で歌う。

7

ふう〜ぬけません。
「そうだ、妹や弟を呼ぼう。
おーい、みんな
きておくれーっ！」

おーい

４に同じ。

8 「おてつだいしますよチュー」
「まかせてチュー」「がんばるチュー」と、
みーんながやってきました。

1、2はそのままで
3を見せる。

9 さあ、ぬきますよ……
○○組のみんなも手伝ってね。

ぬこうよおいもの歌１番

♪はたけにおいもが……
ウントコショ
「ふう〜っ」
うーんぬけない。

3に同じ。これを
2〜3回繰り返す。

10 そのときです、
木の上で……
ねこさんがひるねを
してたんです。

3の角をゆっくり
半分開く。

11 目をさましたねこがニャ〜〜オと
大きな声で鳴いたので、ねずみたちはびっくり。

角を全部開く。

12 「わあ！ねこだあ〜！
にゃんちゅうことだあ！」
と力いっぱいさつまいもを
引っぱりました。

本を大きく動かす。

13 そのひょうしに、ズズズズ……スポーン。大きな大きなさつまいもがぬけました。

カードを回転させるように裏返し、さつまいもを見せる。

14 これを見たねこさんもびっくり！木から落ちてしまいました。

ぬこうよおいもの歌２番

♪はたけにおいもが
**　できました……「スポーン」**
ぬけたおいもをたべました。
「にゃんちゅうおいしいおいもでしょう！」
よかったね。おしまい。

ねこを指さして見せる。「ぬこうよおいもの歌」の２番を歌って終わる。

♪ ぬこうよおいもの歌（「ロウ ユア ボート」より）

作詞／浅野ななみ　作曲／イギリス民謡

OCTOBER 10月

くるくるかけっこ

2枚の円形のカードを組み合わせると、中の絵が出てくるしかけです。さあ、かけっこが始まりましたが……どうなっちゃうのかな？

はじまりはじまり

1 空は青空！おひさまがにこにこ笑っています。

カードA（表：青空）を見せる。

カードBと優勝カップをかくす。

使うもの ↻…裏返す

絵カードP.89〜92を使用します。

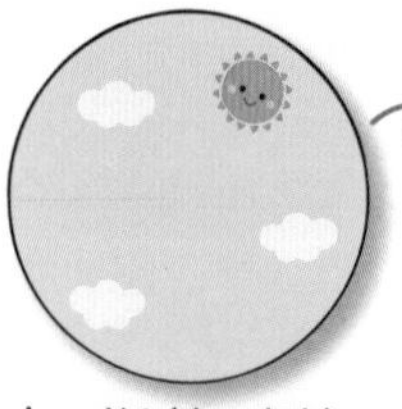

カードA(表：青空)

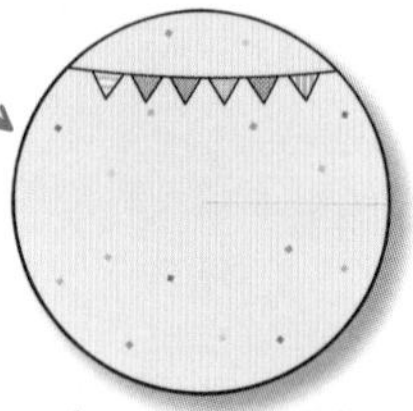

カードA(裏：旗)

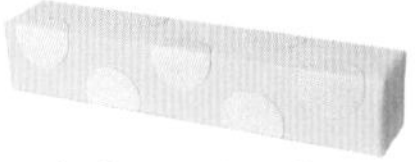

牛乳パックの台

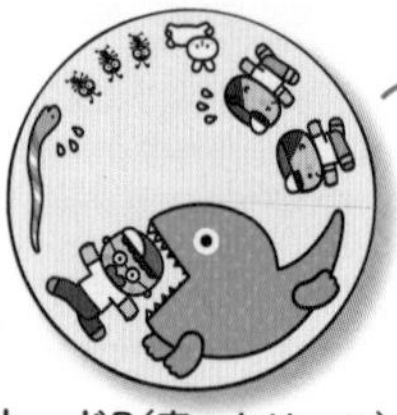

カードB(表：かけっこ)

カードB(裏：集合)

●作り方

- 2枚のカードを丸く切り、切り込み線を切る。
- 優勝カップを切りぬく。

優勝カップ

（表）

（裏）

●準備

- カード、優勝カップを牛乳パックの台のうしろにおく。

2 そうです、今日はうんどう会！ほら、旗がかざってありますよ。

カードAを裏返して旗を見せる。

3 ヨーイドン！ かけっこがはじまりました。

カードの組み合わせ方(裏から見たところ)

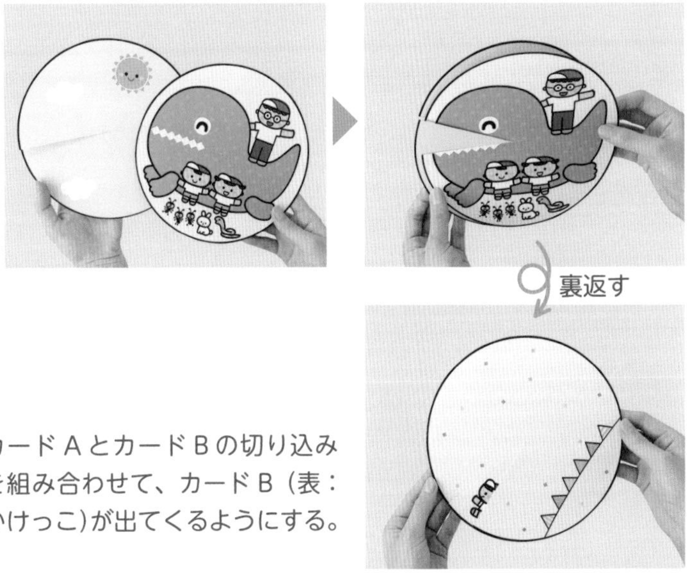

カードＡとカードＢの切り込みを組み合わせて、カードＢ（表：かけっこ)が出てくるようにする。

4

かけっこソング

♪かけっこはやいぞ
あかぐみがんばれ
しろぐみまけるな
タッタッタッタッタッタッ
ヘイ

「かけっこソング」を歌う。

歌に合わせてカードＢ（表：かけっこ）をまわすように出し、男の子と女の子を見せる。

5 おや、園のうさぎのぴょんたくんも走っています。わあ、はやいはやい。

カードをまわしてうさぎを見せる。

6 あらららら、アリさんも走っています。

カードをまわし、
アリを見せる。

7 どうしたんでしょう、
ヘビさんまで大あわてで走ってますよ。

カードをまわし、
ヘビを見せる。

8 ひゃあーっ！
園長先生が……
どうしたんでしょう。

カードをまわし、
園長先生を見せる。

9 「わたしのうしろにかいじゅうがいるんだあ！」
すると、かいじゅうくんが……。
「ガオーッまてまて、
たべたりしないよーっ！
ぼくも、かけっこのなかまに
いれてほしいんだい」

カードをまわし、
ゆっくりかいじゅうを
見せる。

10 なーんだ、そうだったのか。
あわてちゃったけど、おかげでみんな
すごくはやく走ったので、
“とっても早かったで賞”に
入りました。

カードＢを裏返し、
（集合）にする。

11 そして、こんな立派なおめでとうカップ
をもらいました。

優勝カップを
出す。

12 おっとっと……かいじゅうくん、
たべちゃだめですよ。
すると、かいじゅうくんが
「うーん、こりゃかたい」……だって！
「かいじゅうくんってくいしんぼうだね」
みんな大笑い！

かいじゅうの口に優勝
カップを差し込む。

13 とってもたのしいかけっこでした。
かけっこソング
♪かけっこはやいぞ
　あかぐみがんばれ
　しろぐみまけるな
　タッタッタッタッタッタッ ヘイ

「かけっこソング」
を歌いながら絵
カードを左右に
振って終わる。

おしまい

♪ かけっこソング（「天国と地獄」より）

作詞／浅野ななみ　作曲／オッフェンバック

NOVEMBER

11月 はたらくくるまがやってきた

山のトンネルの中から、次々に車が出て来ます。夕方になると、さっき通った車が帰って来ました。車の名前をあてっこしながら、物語を楽しみましょう。

使うもの

↷…裏返す

絵カードP.93〜98を使用します。

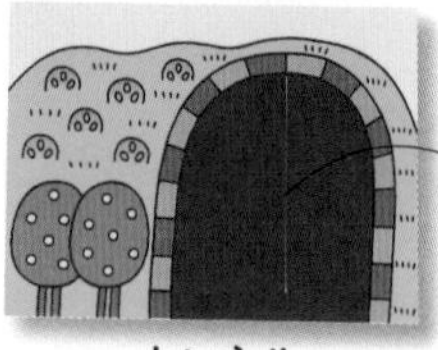

トンネル

（表）　パトカー　（裏）

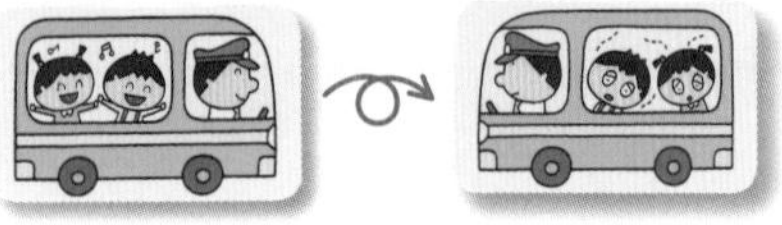
（表）　バス　（裏）

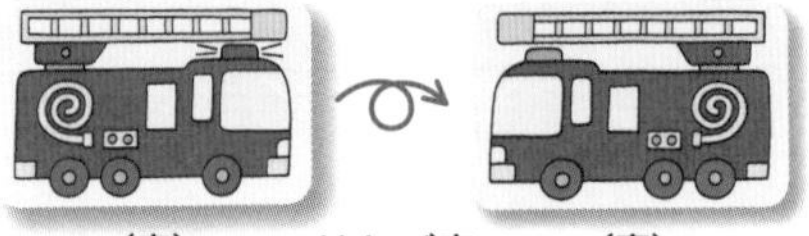
（表）　はしご車　（裏）

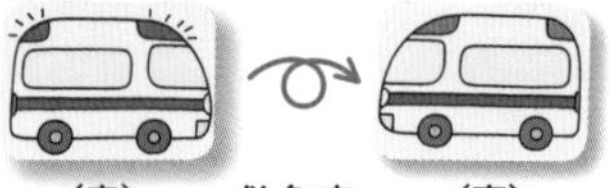
（表）　救急車　（裏）

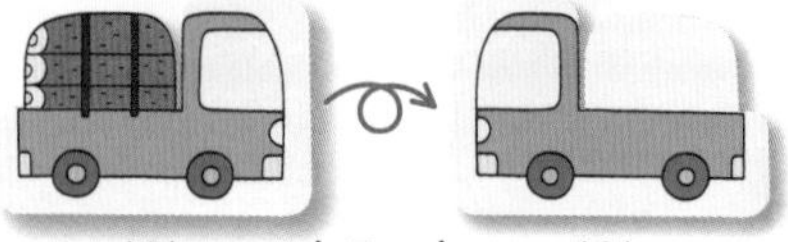
（表）　トラック　（裏）

牛乳パックの台

●作り方

・トンネルに切り込みを入れる。
・車を切り抜く
・トラックは折り線をつけておく。

●準備

・車の絵カードは、登場する順番に並べ、牛乳パックの台の後ろにおく。

はじまりはじまり

1

山の中に大きなトンネルがありました。「ブッブー」おや、車が来ましたよ。

パトカー（表）を、トンネルの切り込みから徐々に出す。

2

「ウーウー」この車は?!そう、パトカーです。「じけんだじけんだ、大急ぎ!」ウーウー。パトカーはすごいスピードで行ってしまいました。

パトカー（表）を抜きとり、トンネルの後ろにおく。（以下同様）

3 「ブッブー」また、
車がやってきました。
子ども達の声がしますよ。

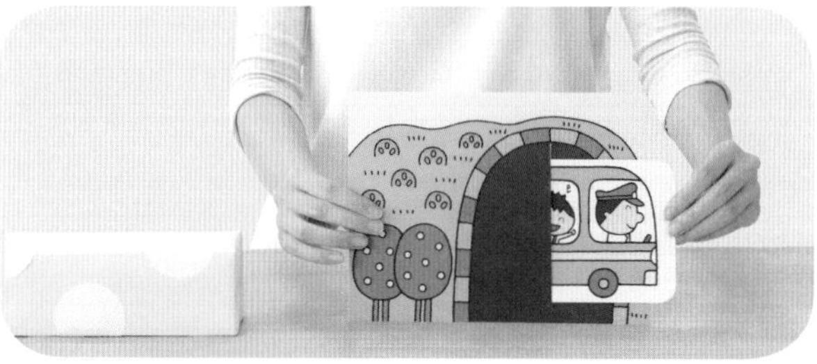

バス（表）を、トンネルの切り込みから徐々に出す。

4 「わーい、遠足でまんまる山にいくんだよ」みんな元気ですね、
いってらっしゃーい！

バス（表）を全部抜く。

5 「ウ～ウ～ウ～カンカンカン」
赤い車がトンネルの中から
出てきました。
「火事だ、火事だ！」

はしご車（表）をトンネルの切り込みから急いで出す。

6 この車は、しょうぼうじどうしゃです。はしごがついているからはしご車です。
「ウ～ウ～ウ～
カンカンカン
たいへんだあ」
と、大急ぎで
はしっていきました。

はしご車（表）を全部抜く。

7 つづいて「ピーポーピーポー」
とやって来た白い車。
これはなんという車かな？
そう、救急車。
病気で倒れている人が
いるんだって。
心配ですね。
急げ急げ。

救急車（表）をトンネルの切り込みから急いで出し、全部抜く。

8 「ブウブウブウ～」大きな音がしますよ。
木をたくさん
つんでいるよ……
トラックです。
荷物をたくさん
はこぶトラックは
力もち！

トラック（表）を、トンネルの切り込みからゆっくり出す。

9

トンネルの中からいろいろな
はたらく車が出てきましたね。
さて、夕方になると
パトカーが帰ってきました。

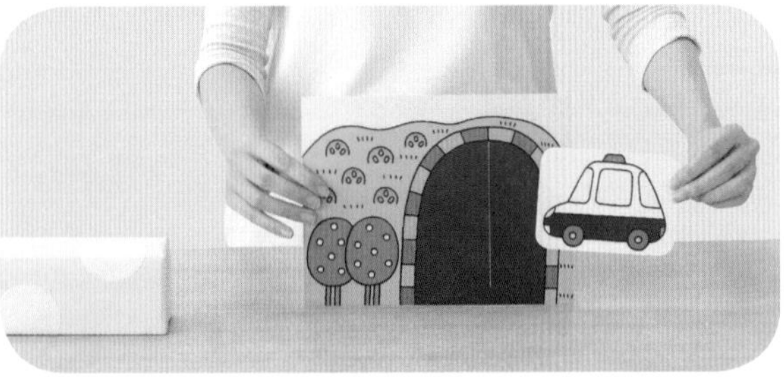

パトカー（裏）を見せる。

10

「ねこさんがまいごになったので
さがしました。見つかりましたよ。
みんなも気をつけてね」
パトカーは帰っていきました。

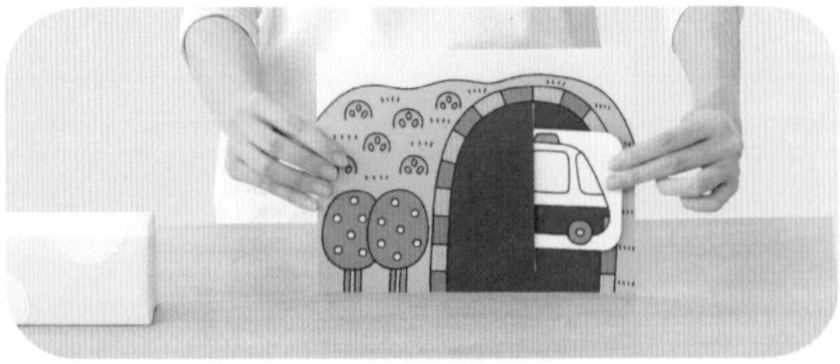

パトカー（裏）をトンネルの切り込みに差し込み、引き抜いた後牛乳パックの台の後ろにおく。（以下同様。）

11

はしご車も帰ってきました。
「火事かと思ったら、
やきいもの煙でした。
みんなも気をつけてね」

はしご車（裏）をトンネルの切り込みに差し込み、牛乳パックの台の後ろにおく。

12

救急車も帰ってきました。
「たおれていた人はいませんでした。
かけっこをしていたうさぎさんが、疲れちゃって
ひるねをしていたんだって。
あーよかった」

救急車（裏）をトンネルの切り込みに差し込み、牛乳パックの台の後ろにおく。

13 トラックも帰ってきました。ほら、荷物はもうありません。「ちゃんと届けて来たよ」

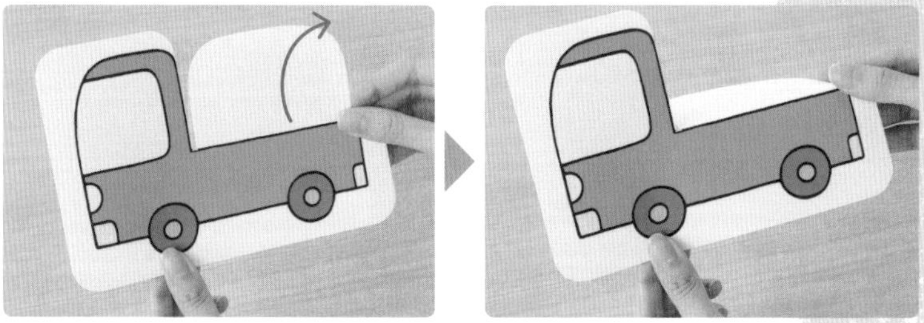

トラック（裏）の荷台を折りたたむ。トンネルの切り込みに差し込み、牛乳パックの台の後ろにおく。

14 もうみーんな帰ってきたかな……。あっ、まだ帰って来てない車がありますよ。遠足に行ったバスです。

バス（裏）を出し、トンネルの切り込みに差し込み、牛乳パックの台の後ろにおく。

15 ブブウ～ バスが帰ってきました。見てください。みーんなつかれてねちゃったみたい！

今日も一日、はたらく車がいっぱいでおもしろかったね！

おしまい

DECEMBER 12月

白いかくれんぼ

雪が降ってきました。白い野原でかくれんぼをしているのは、白い動物達。さあだれがどこに隠れているのかな。楽しいあてっこゲームです。黒バージョンも楽しめます。

使うもの

…裏返す

絵カードP.99〜104を使用します。

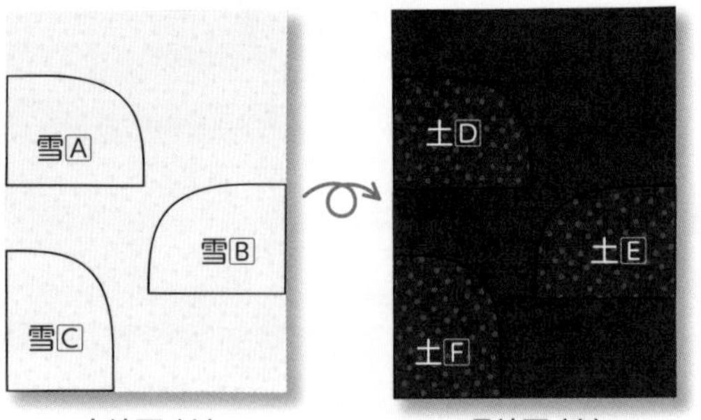

白地面（表）　黒地面（裏）

白うさぎ　黒うさぎ

白くま　黒くま

白ねこ　黒ねこ

白ねずみ　黒ねずみ

●作り方

・ねずみは点線で切り取り、中央を２つ折りにする
・地面に雪と土を貼る

●準備

・白地面の雪Aに白うさぎ、Bに白ねこ、Cに白くまと白ねずみをかくす。

はじまりはじまり

1

雪がふってきました。野原はまっ白です。おや、白い雪の中に、だれかかくれていますよ。

白地面を見せる。

2

だれかな？ かくれんぼのうた１番

♪かくれているのはだれかな
ながいおみみはだれかな

「だれかな？ かくれんぼのうた」の１番に合わせ白うさぎを引き出す。

3

はい、白いうさぎさんでした。
白い雪の中に
白いうさぎさんだから、
わからなかったね。
「みつかっちゃった
ピョン！」

白うさぎを見せる。そのあと黒地面の土Dに、白うさぎを差し込む。子どもには白地面を見せたままにする。（以下同様）

（裏から見たところ）

4

ニャオニャオ……。
おや、まだだれかかくれてますよ。
どこかな……。

だれかな？ かくれんぼのうた２番

♪かくれているのは
だれかな
ニャニャーン
ニャオニャオ
だれかな

２番を歌いながらあちこちさがすしぐさをする。

5

まっ白の雪の中にまっ白いねこさんが
かくれていましたよ。
雪みたいで
わからなかったね。
「みつかっちゃった
ニャオ。」

白ねこを引き出して見せ、そのあと裏の黒地面の土Eに差す。

6

あら……
まだだれかかくれています。

だれかな？ かくれんぼのうた３番

♪かくれているのはだれかな
ガオーガオガオ
だれかな

３番を歌いながら白くまをさがすしぐさをする。

7

わあ、白くまさんでした。
雪のように白い、白くまさんが、かくれていましたよ。
「とうとうみつかっちゃったガオオオ……」

白くまを引き出して見せ、黒地面の土Fに差す

（裏から見たところ）

8

もうだーれも
かくれていませんよね……。
「チュウチュウ」
あれ？　何か
聞こえてくるね。

子どもに問いかける。

9

あっ、こんなところにふたごの白ねずみさんが
かくれていました。
「みつかっちゃったチュウチュウ。」

雪Ⓒから白ねずみをとり出し、開いて見せる。ねずみを黒地面の土Ⓕに差す。

10

白いかくれんぼは
なかなかみつかりませんでした。
でも春になって雪がとけ、
黒い土が見えるようになると……。

地面を裏返し、黒地面を見せる。

11

かくれていたって……すぐわかっちゃうね！
白うさぎちゃん みーつけた。
白くまちゃん みーつけた。

白うさぎ、白くまを出し、白地面にさす。

12

白ねこちゃんもすぐみーつけた。

白ねこを出し、白地面に差す。

13

そしたらまた「チュウチュウ」
あっ、そうだ
ふたごのねずみさんが
いたはず……。

だれかな？ かくれんぼのうた４番

♪かくれているのは
　だれかな
　チュチューチュウチュウ
　だれかな

４番を歌いながら白ねずみを探す。

14 はい、ここにかくれていました。かくれんぼ楽しかったね。

おしまい

白ねずみを出して、ひろげて見せる。

アレンジ

- 黒い台紙に、黒い動物でのかくれんぼも楽しめます。
- ねずみはいろいろなところにかくして楽しみましょう。

- 動物たちを横にしたり、さかさに入れたりして、わざとわかりにくい設定で遊んでも楽しいでしょう。

♪ だれかな？ かくれんぼのうた

作詞・作曲／佐倉智子

1.〜4. かくれているのは　だれかな　{ ながいおみみは / ニャニャンニャオニャオ / ガオーーガオガオ / チュチューチュウチュウ } だれかな

JANUARY 1月

おすもうさんの おもちつき

おすもうさんに、きねを持たせ、カードを開閉すると、おもちをついているように見えるしかけです。さあ、ついたおもちはどうなったかわかるかな？

使うもの

↻…裏返す

絵カードP.105～108を使用します。

台
（表：おもちとうす）

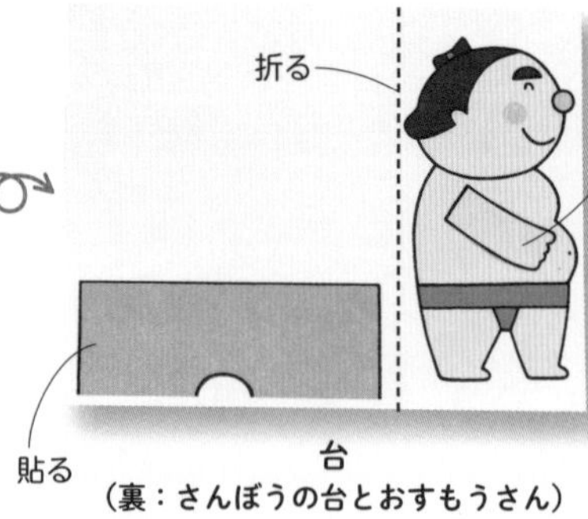

台
（裏：さんぼうの台とおすもうさん）

鏡餅

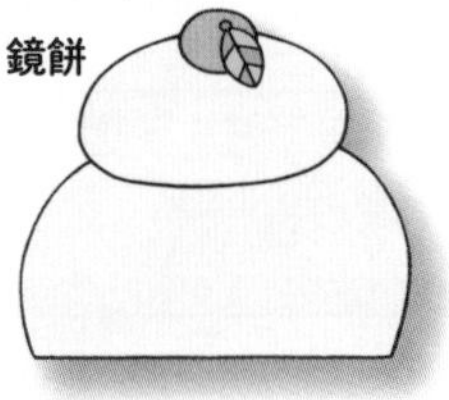

きね

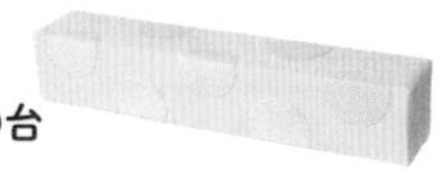

牛乳パックの台

●作り方

- おすもうさんに手を貼る。
- きねを作り、手に通す。
- 台を折る。
- さんぼうの台を貼る。
- 鏡餅を切る。

●準備

- 折った台を持つ。
- 牛乳パックの台の後ろに鏡餅ときねをかくす。

はじまりはじまり

1 もうすぐお正月です。
おもちつきをしますよ。
力もちのおすもうさんが
来てくれました。

台（裏）のおすもうさんを指さす。

2 これはうす。そしてこれはきね。おすもうさんがきねを持ちます。

きねを見せたあと、
おすもうさんの手にきねを通す。

3 さあ、みんなもいっしょにもちつきですよ。

もちもちおもち１番

♪ぺったんぽん　ぺったんぽん
もちもちおもちを
ぺったんドーン

歌の１番にあわせ、
きねをもちをついて
いるように動かす。

4 みんなでペッタンペッタンとおもちをついたら、わっわっわっ……。

折ったページを小刻み
に動かす。

5 びよーんと、おもちが
こんなにのびました。
わあびっくり！

ページをひらく。

6 よくのびたおもちはおいしいんだよ……。
じょうずに丸めて……。
こんな形の
鏡餅を作りました。

さんぼうの台が
前にくるように
台紙を裏返し、
鏡餅出す。

7 台の上にかざって、ほら、できあがり。
おいしそうですね。
みんなでたーくさんたべましたよ。
よかったね。

鏡餅をさんぼうの
台にはさみ、
もちもちおもちの
2番を歌って
終わる。

おしまい

もちもちおもち２番

♪ぺったんぽん
ぺったんぽん
もちもちおもちを
むしゃむしゃむしゃ

♪ もちもち おもち

作詞・作曲／浅野ななみ

オニちゃんのパンツ

手あそび歌として人気のある「オニのパンツ」をテーマにしたシアターです。
オニさんには、一体どんな柄のパンツが似合うのでしょうね。

使うもの

↷…裏返す

絵カードP.109〜114を使用します。

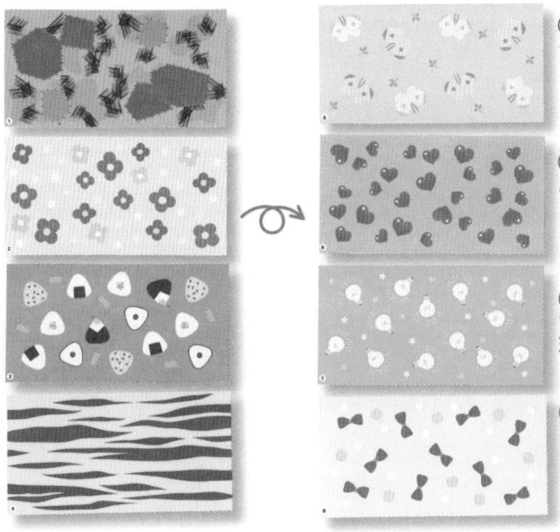

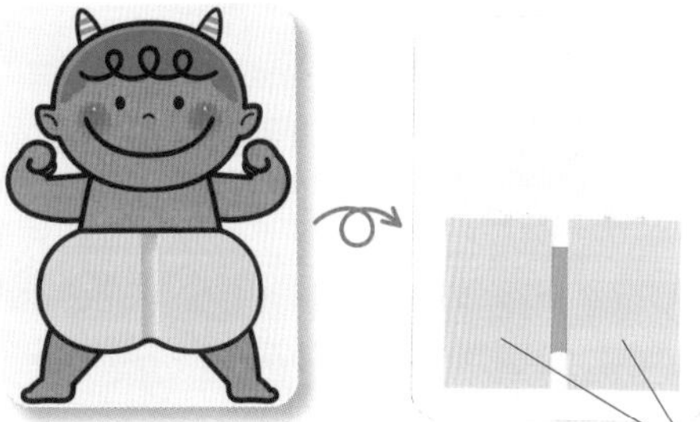

●作り方

・台のおにのパンツを切り抜く。
・裏に柄のカードを差し込むストッパーをつける。
・パンツの柄を切る。

牛乳パックの台

●準備

・パンツの柄を①②③④の順に並べ、ストッパーに差し込む。

はじまりはじまり

1 **ぼく、オニの子ども**
オニちゃんだよ！
とっても元気なんだ。
おそとでいっぱーい
あそんだらね……。

オニちゃんを見せる。

4月 5月 6月 7月 8月 9月 10月 11月 12月 1月 2月 3月 通年

2 ほら見て！ぼくのパンツやぶれちゃってボロボロ。
あたらしいパンツをかいに行こうっと。

パンツ柄①（ヨゴレ）を指さす。

3 「こんにちは！
おにのパンツをくださーい！」
いらっしゃいませ。
おにのパンツですね……
こんなもようのパンツはいかが？

①（ヨゴレ）を引きぬき②（花）を見せる。①（ヨゴレ）は牛乳パックの台のうしろにかくす。

4 「うーん、お花のもよう……
なんだかかわいすぎるな～。
ぼく、力がでるようなパンツがほしいんだ。」

②（花）のパンツを見せる。

5 なるほど……
お花では力がでませんよね。
これはどうでしょう……。

②(花)を引き抜き、③(おにぎり)を見せる。

6 おにぎりは力のもと！いかがですか。
「うーん、ちがうんだよ！
ぼくね、つよそうに見える
パンツがほしいんだ。」

③(おにぎり)を子ども達によく見せる。

7 なーんだそうですか。
それなら……
これはどうでしょう。

③ (おにぎり) を引き抜き、
④(トラ縞)を見せる。

8 「わーい、これがいい。つよそうにみえる！」

④(トラ縞)を子ども達によく見せる。

9 みなさん、オニちゃんに似合いますか？ぴったり似合うパンツがみつかってよかったね。

おしまい

子ども達に問いかける。

演じ方ポイント

パンツの柄を子ども達に見せたときに、「にあうかなの歌」を歌い、子ども達に考える時間を作るようにするとよいでしょう。

♪ にあうかなの歌 （「むすんでひらいて」より）

作詞／浅野ななみ　作曲／J・ルソー

※５小節目の歌詞「おはな」の部分を、図柄にあわせて歌い替えます。

アレンジ

差し込む絵カードの順を変えると、いろいろな柄のパンツが出せます。
「これは　オニちゃんに似合うかな？」と問いかけ、子ども達のことばを引きだしながら、楽しく遊んでみましょう。

チョウ柄

保育者「ひらひらとぶちょうちょうの柄は
いかがですか？」
オニちゃん「うーんちょっと、かわいいかも？」

ハート柄

オニちゃん「わくわくするような柄のパンツが
ほしいなあ。」
保育者「ハートの柄はどうでしょう。
お似合いになると思いますよ。」

電球柄

オニちゃん「うーんもっとパーッと
明るくなるような……。」
保育者「電球のパンツ！　パーッと明るくて
かっこいいですよ。ねえ○○ぐみのお友達……
どうですか？　オニちゃんに似合うでしょ？」

リボン柄

保育者「みんな大好きなリボン柄のパンツは
どうですか？」
オニちゃん「好きだけど……ほんとに似合うかなあ？
みんなどう思う？」

MARCH 3月

たのしいね ひなまつり

折っためびなと、おびなが持っているのは何でしょう。持っていたものが、ふしぎな力で大きくなりますよ。演じたあと、ひな人形として飾っても楽しい作品です。

使うもの

…裏返す

絵カードP.115～120を使用します。

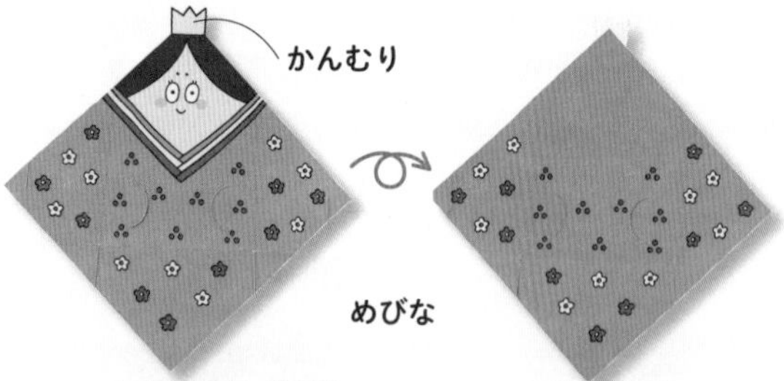

めびな

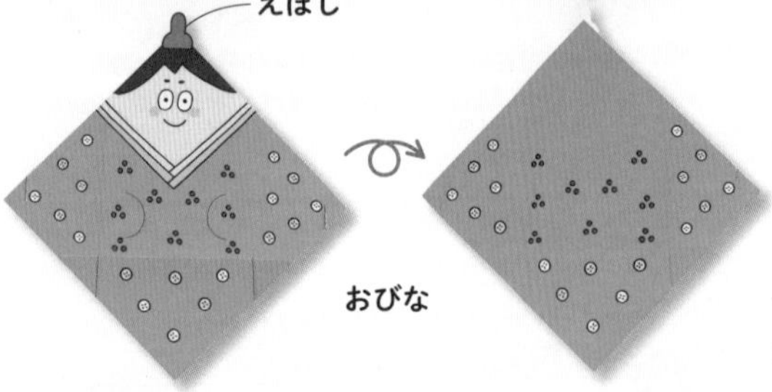

おびな

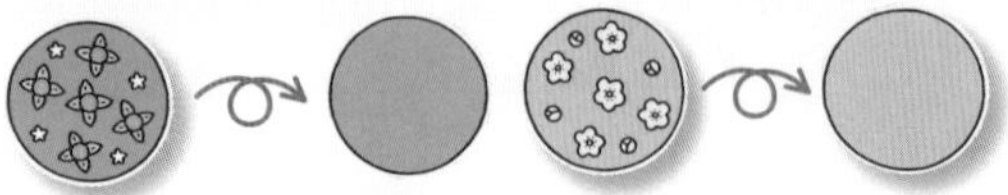

（表） たちばな （裏）　（表） さくら （裏）

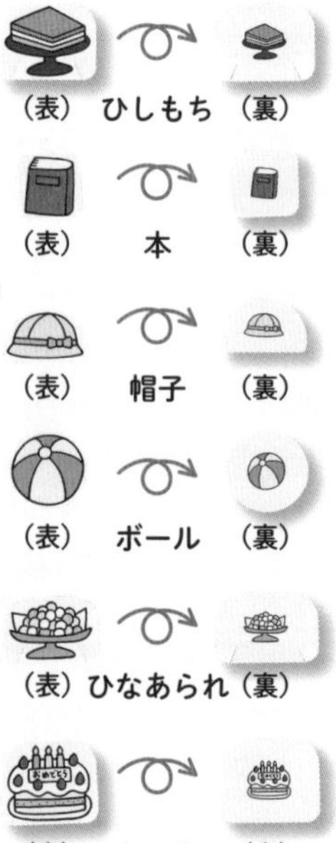

（表） ひしもち （裏）

（表） 本 （裏）

（表） 帽子 （裏）

（表） ボール （裏）

（表） ひなあられ （裏）

（表） ケーキ （裏）

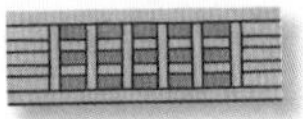

柵

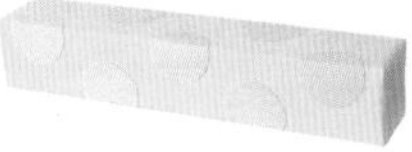

牛乳パックの台

●作り方

おひなさま（めびな、おびな共に同じ。）

- 台紙を切り、点線にそって折る。
- 体の中の切り込みを切る。
- 両そでの切り込みを切って、そでが重なるように組む。
- かんむり、えぼしを切り、かんむりをめびな、えぼしをおびなに貼る。
（立たせるときは上体をうしろにそらせる。）

たちばな、さくら

- 柵を切って輪にする。
- 輪にたての切り込みを入れる。
- たちばな、さくらを切り輪の切り込みに立てる。

物ち物

- 点線にそってひなあられ、ひしもちを切る。

●準備

- おびなにひしもち、めびなにひなあられのカード裏面がみえるように持たせる。
- そでの切り込みを重ねて、手を閉じる。
- たちばな、さくらを牛乳パックの台のうしろにかくしておく。

はじまりはじまり

1 「もうすぐひなまつりですね」
おひなさまがいいました。

そでを閉じたおびなを見せる。

2

ひなまつりには、
ひしがたをしたひしもち、
というおいしいおもちを
食べるんだよ。
ホラ……ホラ……。

そでの切り込みを
はずし中を見せる。

3

こーんなおもちです。
えっ……ちっちゃい……。
ほんとだ、ちっちゃかったね。

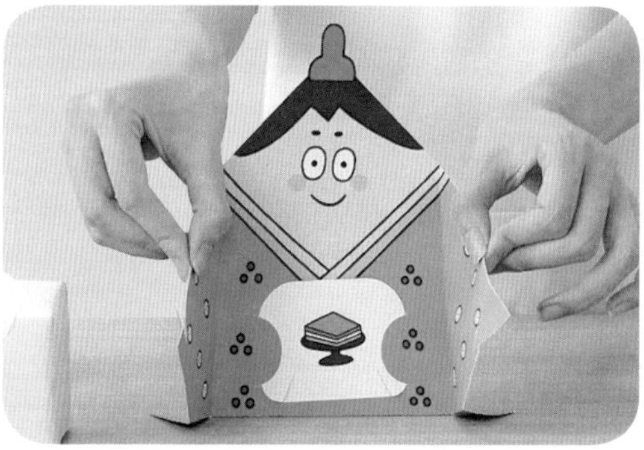

そでを開き絵カード（裏）を見せる。

4

それでは……
おひなさまのまほうを
ごらんにいれます。
サ～クラ　タチバ～ナ～
サ～クラ　タチバ～ナ～
エイッ！

そで閉じ、おびなにむ
かって、魔法をかける
仕草をする。

5

ジャジャジャーン。
こんな大きな
ひしもちに
なりました。

そでは閉じたまま、
中から絵カードを反
転させながらとり出
し、大きいひしもち
を見せる。

6

ここにかざっておきましょう。

ひしもちの切り込み
を前後にひらき、お
びなの横に立てる。

7 すると、「あーら、わたくしだって ひなあられをもってきましたのよ。 ホラ……ホラ」とめびなが言いました。

めびなを出し、「ホラホラ……」にあわせそでを開く。

8 これがひなあられ。 えっ……ちっちゃい……。 あらまあ、ほんとですねえ。

小さいひなあられを見せる。

9 では……おひなさまの魔法！ サ〜クラ　タチバ〜ナ〜 サ〜クラ　タチバ〜ナ〜 エイッ！

そでを閉じる。めびなにむかって、魔法をかける仕草をする。

10 ジャジャジャーン。 はい、どうです。こんな大きな ひなあられになりました。

めびなのそでは閉じたまま、中から絵カードを反転させながらとり出し、大きいひなあられを見せる。

11 ここにかざっておきましょう。

ひなあられの切り込みを前後にひらき、めびなの横に立てる。

12

それから、「サ～クラ　タチバ～ナ～」は
さくらの木と、タチバナ……
みかんの木のことです……
タチバナの木もかざりましょう。

さくらを柵に立たせ、同様にたちばなも柵に立たせる。
さくらをむかって右、たちばなをむかって左にかざる。

13

おひなさまは、みんながげんきに
すくすく育つように……と、
見守ってくれているんです。
3月3日はひなまつりです。
たのしいひなまつり会がありますよ！

おしまい

●さくらの立たせ方

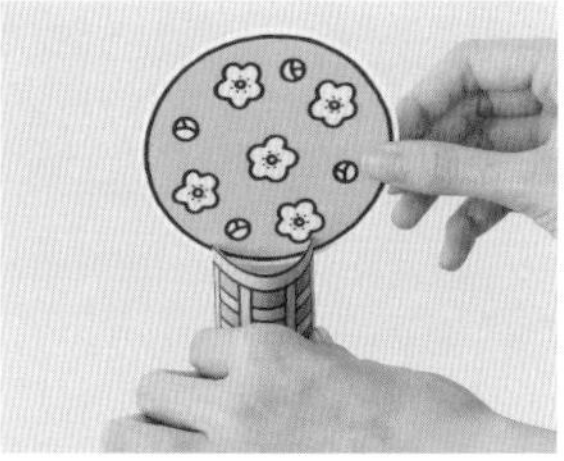

切り込みに花を差す。

アレンジ

・おひなさまのかくしているものを差しかえて遊ぶことができます。

[例]
・3月のたん生会にあわせてケーキをもってきてくれる。
・進級にあわせて本、ボール、帽子などをもってきてくれる。

たん生会の
ケーキ！

ALL YEAR 通年

おひるねしようよ

おふとんの中でねている動物はだれでしょう。あてっこあそびを楽しみながら、昼寝の大切さを伝えるシアターです。

はじまりはじまり

使うもの ↻…裏返す

絵カードP.121～124を使用します。

うさぎ　ねこ　りす　ぞう

●作り方

絵カードを折る。

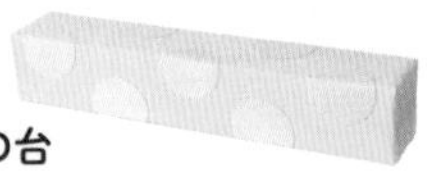

牛乳パックの台

●準備

・牛乳パックの台を用意して、カードをかくす。

1 さあ、おひるねのじかんです。

♪ねむれよいこ
ねんころころころ～
このにんじん模様のおふとんの中には、だれがねてるのかな。

自由にこもりうたを歌いながら、うさぎカードを見せ、子ども達に問いかける。

2 長いお耳……それではしずかーにおふとんをめくってみましょう。

ゆっくりふとんを裏までめくり、うさぎの全身を見せる。

3 うさぎさんはよーくねてます。そーっとまたおふとんをかけましょう。

ふとんを再びかける。（以下、他の動物も1～3と同じように演じる。）

4 このおさかな模様のおふとんでねてるのは……だれかな。

牛乳パックの台の手前で、にんじん模様のふとんを折り返し、さかな模様にしたねこカードを見せる。

5 ニャンニャン　スースー。そう、ねこさんでした。大好きなおさかなをたべているゆめをみているのね。

ふとんをめくって、ねこを見せ、夢を指さす。

6 そーっとまたおふとんをかけましょう。

ふとんをかける。終わったら牛乳パックの台のうしろにおく。

7 次は、どんぐり模様のおふとんだれかな。

りすのカードを出す。

8 りすさんでした。大きなどんぐりをみつけたゆめをみてますよ。そーっとまたおふとんをかけましょう。

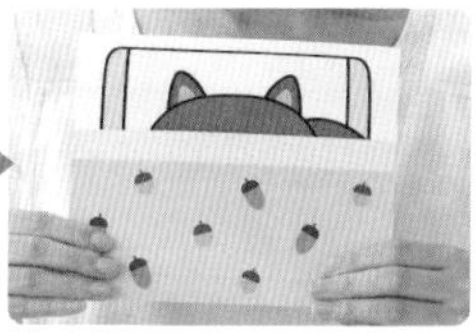

ふとんをめくり、りすを見せ、再びふとんをかける。

9 大きなあたまが見えますよ。あれ！まくらがありませんよ。だれでしょう。

牛乳パックの台の手前で、どんぐりのふとんを折り返し、くだもの模様のふとんにして出す。

10 ぞうさんでした。まくらをもってねているね。そーっとまたおふとんをかけましょう。

ふとんをめくり、ぞうを見せ、再びふとんをかける。

11 さあ、みんなも動物さんたちのようにおひるねしようね。

＼おしまい／

子ども達に、おひるねをうながして終わる。

演じ方ポイント

寝ているから、小さな声で教えてね

「だれがねてるのかな？」などと問いかけると、子ども達は元気に「うさぎ！」などと答えますが、ここでは「うささぎさん、よく寝ているから、小さなな声で教えてね」と、小さな声での受け答えをし、おひるねに誘いましょう。

ALL YEAR
通年

おすなばクイズ

シルエットクイズは、子ども達の考える力を引き出します。すなばの道具を中心にしたシルエットの数々を見せながら、すなばあそびのルールやマナーも伝えましょう。

はじまりはじまり

1 これは何かな？おすなばで使うものだよ。穴をほることができるよ。

シャベルのシルエットを見せ、子ども達に問いかけ皆で答えを考える。

※シルエットカードは、たてにしてわかりにくくするなど、年齢に合わせ見せ方を工夫しましょう。

2 そう、シャベルです！

裏返して答えを見せる。（以下**1**、**2**、同様に演じる。）

使うもの　↻…裏返す

絵カードP.125～128を使用します。

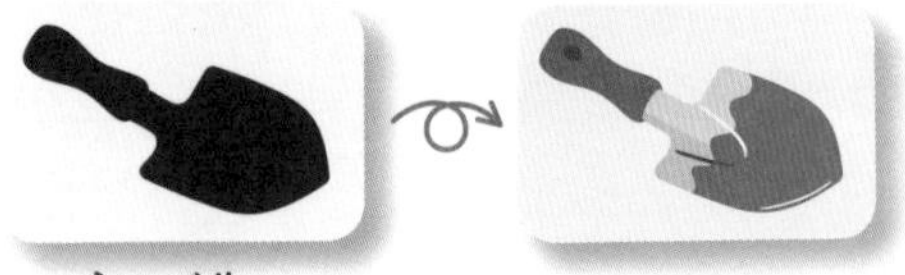

シャベル

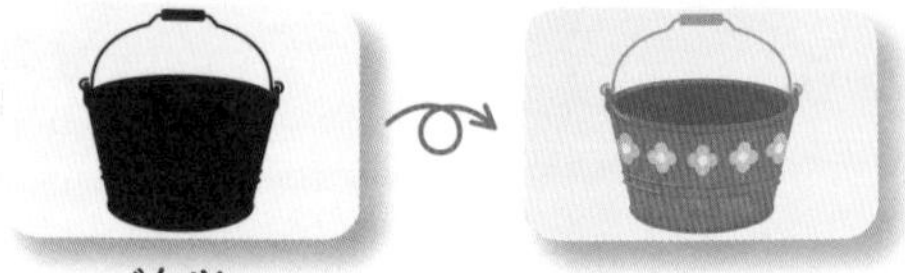

バケツ

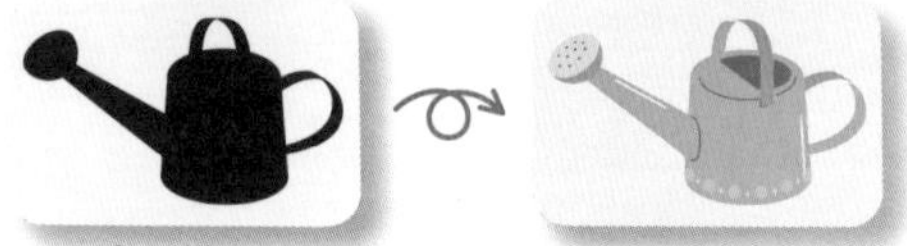

ジョウロ

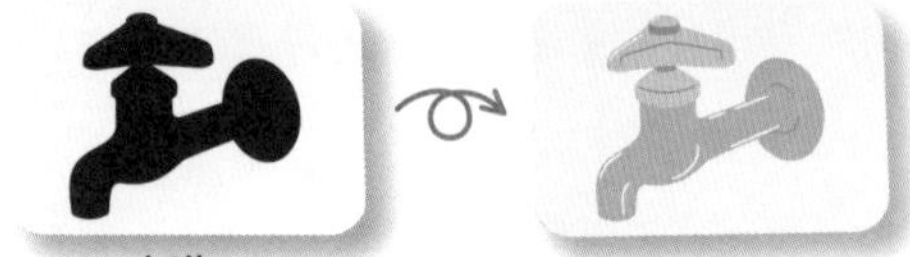

水道

●準備

カードを切り離す。

3 これは何かな。お水を運んだり、すなを運んだりできるよ。

バケツのシルエットを見せる。

4 あたり！
バケツです。

裏返して答えを
見せる。

5 これは何かな？
お花に水を
あげるときに
使います。

ジョウロのシルエット
を見せる。

6 そうです。
ジョウロ！

裏返して答えを
見せる。

7 最後は
難しいよ……
これは何かな？

水道の蛇口のシルエット
を見せる。

8 こうやって
バケツに水を
入れることが
できるよ。

バケツを出す。

9 ジョウロにも水を
入れることが
できるね。

ジョウロを出す。

10 そうです！　答えは
水道の蛇口でした。

裏返して答えを見せる。

11 すなあそびのあとには、
この蛇口から
出てくる水で、手を
きれいに洗おうね。

＼おしまい／

●監修者プロフィール
乳幼児教育研究所
浅野ななみ（あさの ななみ）

お茶の水女子大学卒業。幼稚園教諭、聖心女子大学講師を経て、現在、乳幼児教育研究所講師。乳幼児の歌、遊び、お話の創作のほか、保育教材の監修にあたる。
主な作品は、CD「浅野ななみのちっちゃなあそびうた」（乳幼児教育研究所）、保育図書『CD付き 0～5歳 発表会で盛り上がる昔話の劇あそび』（ナツメ社）ほか。

撮影　大畑俊男
モデル　東城茉里 (SPACE CRAFT)　原田ゆか (SPACE CRAFT)
プラン　アトリエ・チョッキンナ
作り方イラスト　マーブルプランニング
絵カードイラスト　くるみれな　高橋雅彦　つかさみほ
本文デザイン　鷹觜麻衣子 (演じ方ページ)　マーブルプランニング (絵カードページ)
浄書　前田明子
校正　聚珍社
編集制作　株式会社童夢

1～2歳児　楽しいしかけがいっぱい！
カードシアターあそび12か月

監修者　浅野ななみ
発行者　池田士文
印刷所　図書印刷株式会社
製本所　図書印刷株式会社
発行所　株式会社池田書店
〒162-0851 東京都新宿区弁天町43番地
電話 03-3267-6821（代）／振替 00120-9-60072

落丁・乱丁はおとりかえいたします。

ISBN978-4-262-15445-9
JASRAC 出 1913753-901

24008502

ねこ（表）

いぬ（表）

ぶた（表）

きつね（表）

いぬ（裏）

ねこ（裏）

きつね（裏）

ぶた（裏）

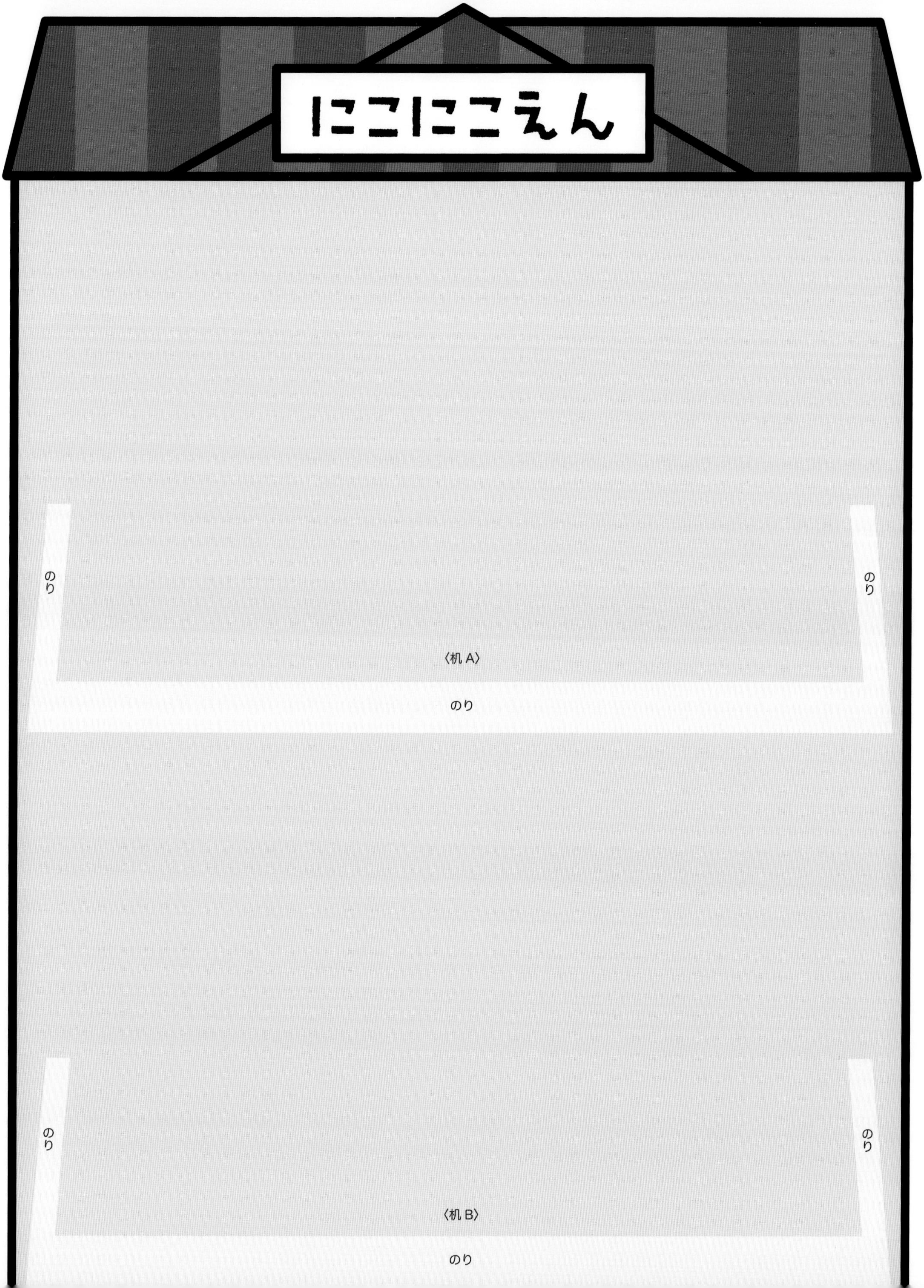
にこにこえん
のり
のり
〈机A〉
のり
のり
のり
〈机B〉
のり

のり

〈草A〉

のり

のり

〈草B〉

のり

のり

〈草C〉

のり

のり

〈草D〉

のり

●草と机はこの面の黒い実線に沿って切ります。

草A

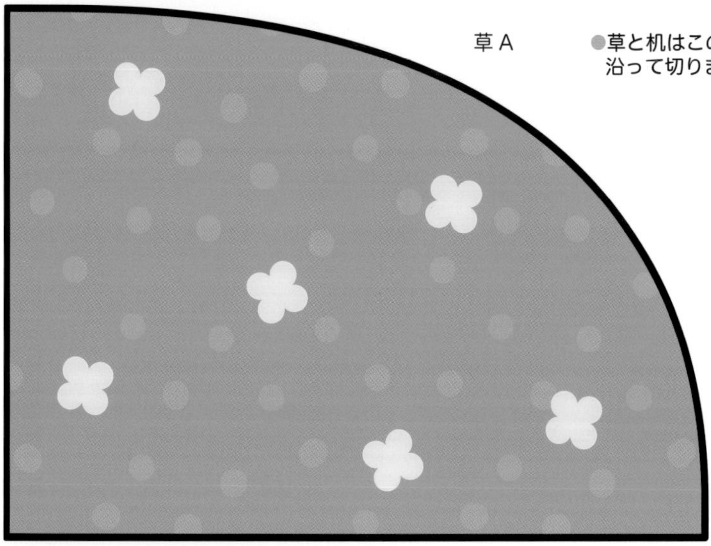

草B

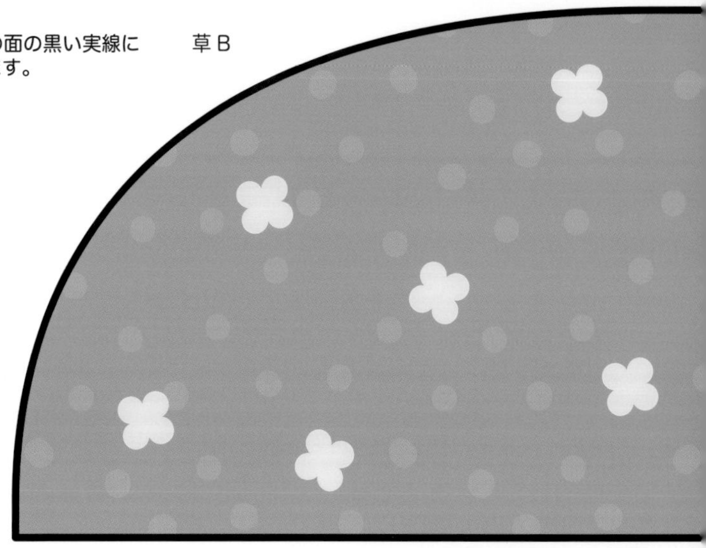

草D

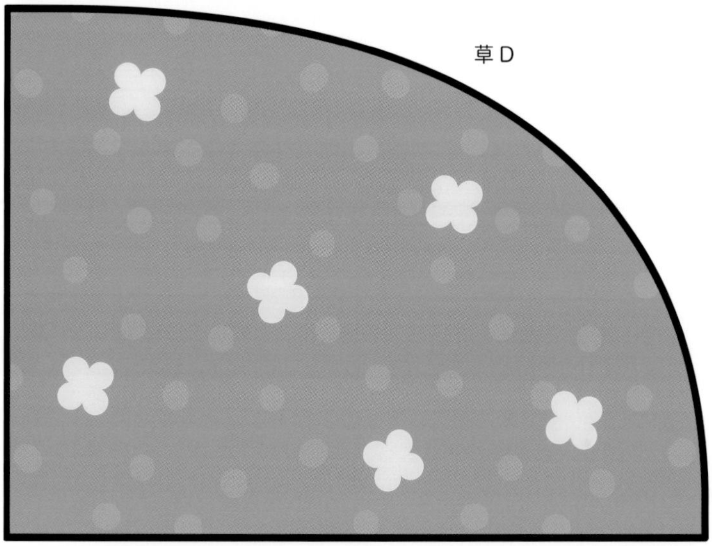

草C

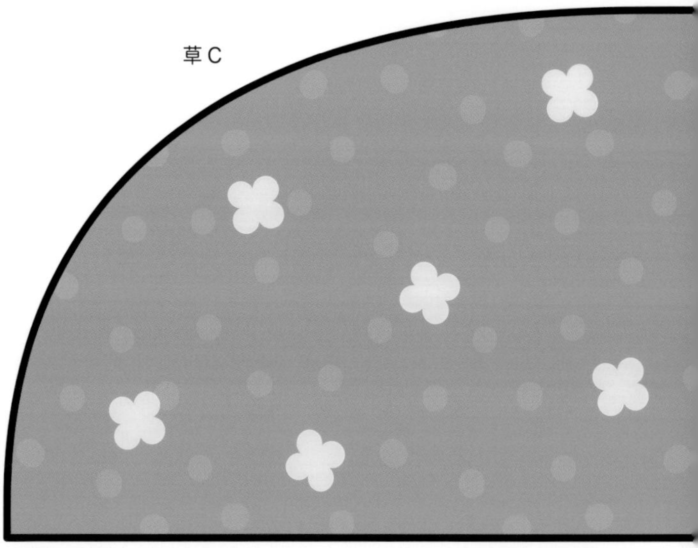

机A

机B

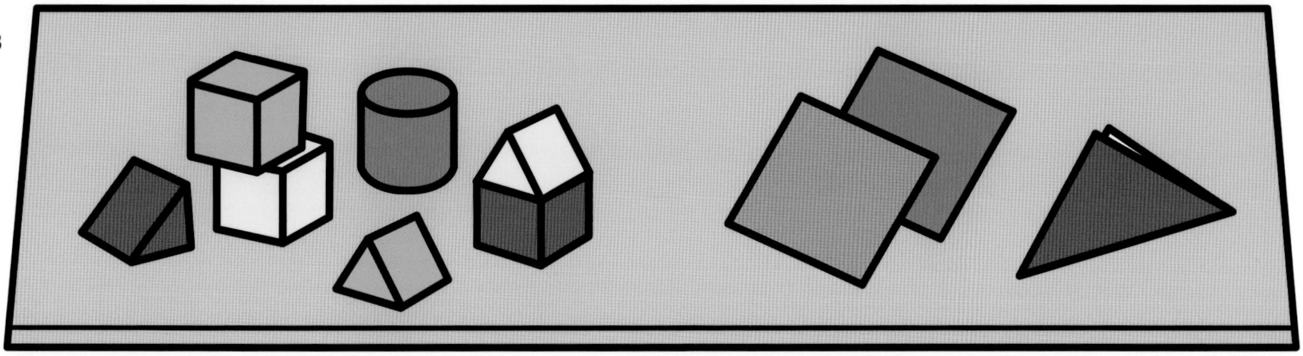

のり

草B

草A

のり

のり

のり

のり

草C

草D

のり

のり

のり

のり

机A

のり

のり

のり

机B

のり

のり

〈雲A〉
のり
〈雲B〉
のり
〈雲C〉
のり

●この面（P.64）に厚紙を貼り、
立つようにすると演じやすい。

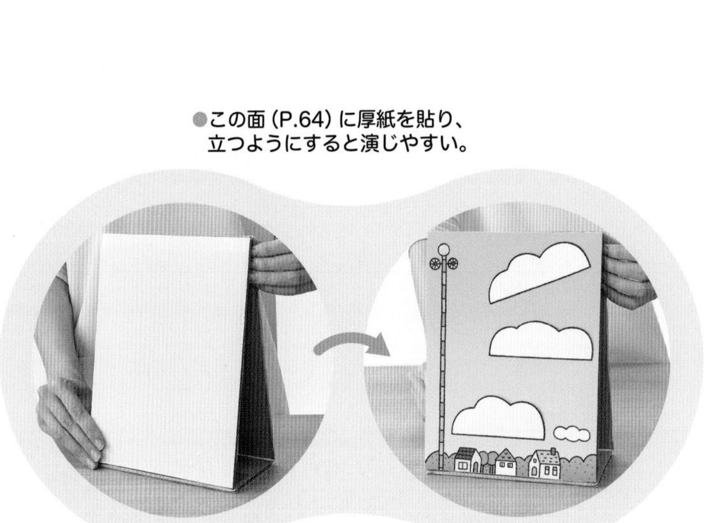

●風のお母さんと風の子と雲はこの面の黒い実線に沿って切ります。 ●こいのぼりと指輪はキリトリ線に沿って切ります。

風の
お母さん

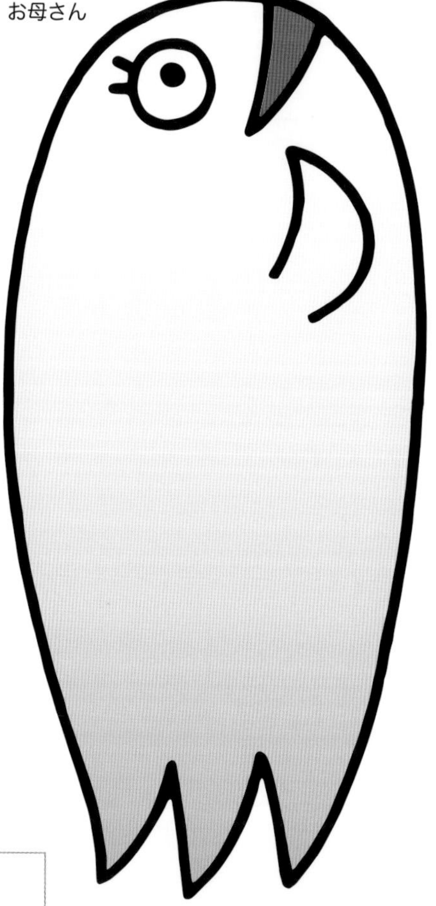

雲C

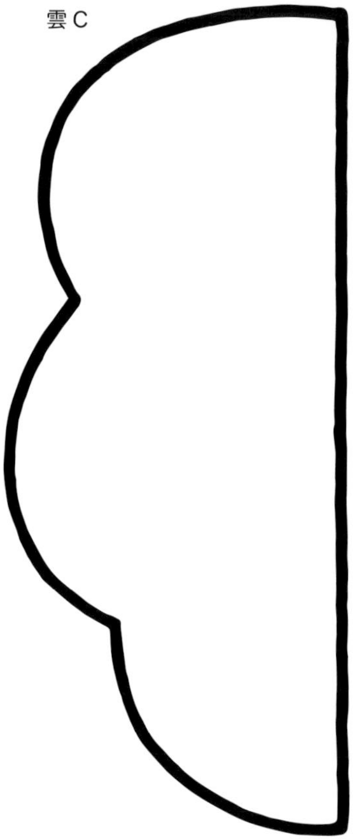

こいのぼり（表）

雲B

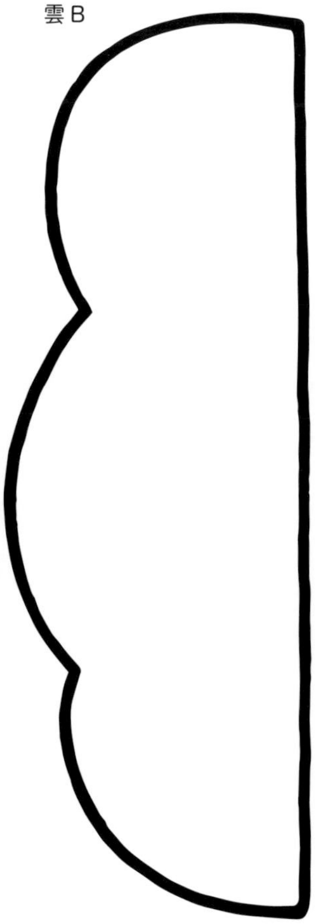

雲A

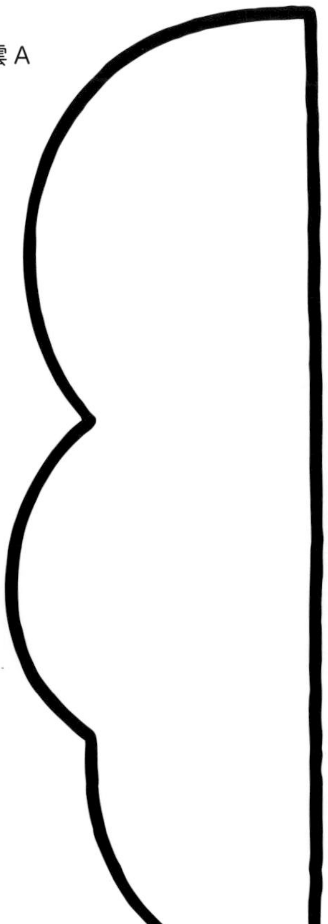

指輪

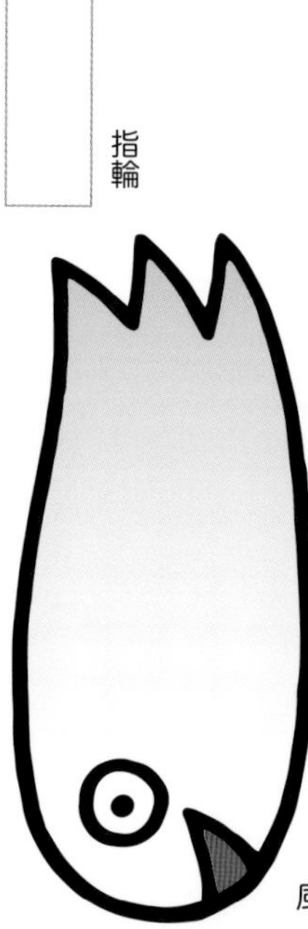

風の子

こいのぼり（裏）

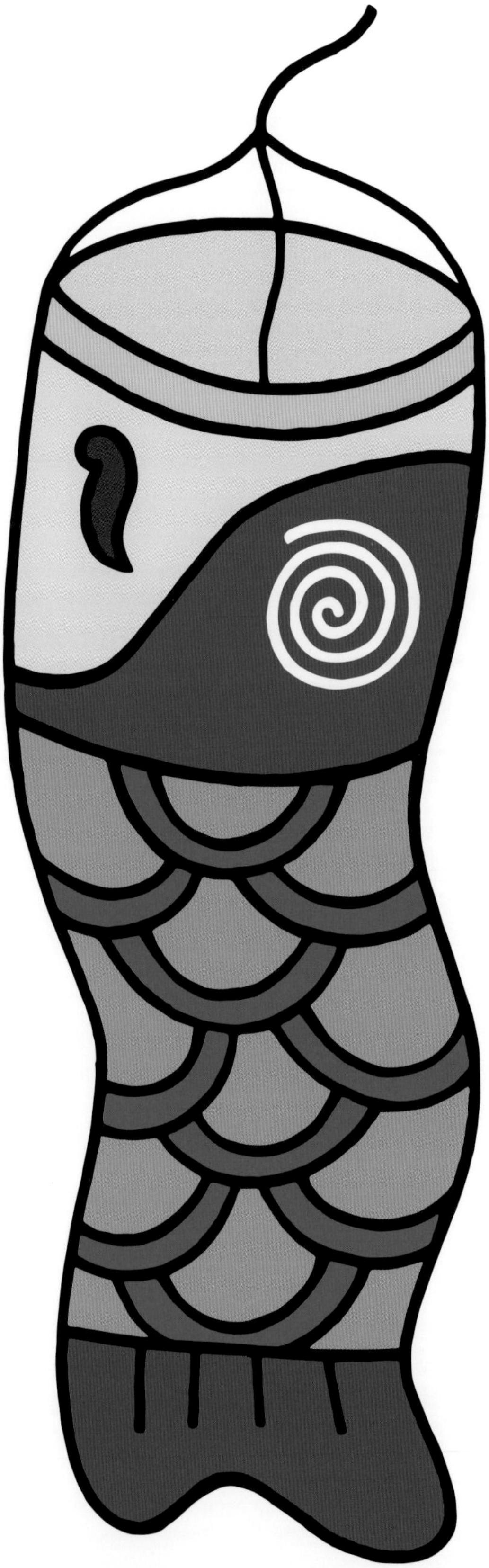

〈雲C〉
のり

〈雲B〉
のり

〈雲A〉
のり

〈指輪〉
のり

クマちゃん

山折り

谷折り

山折り

歯みがきチューブ

歯ブラシ

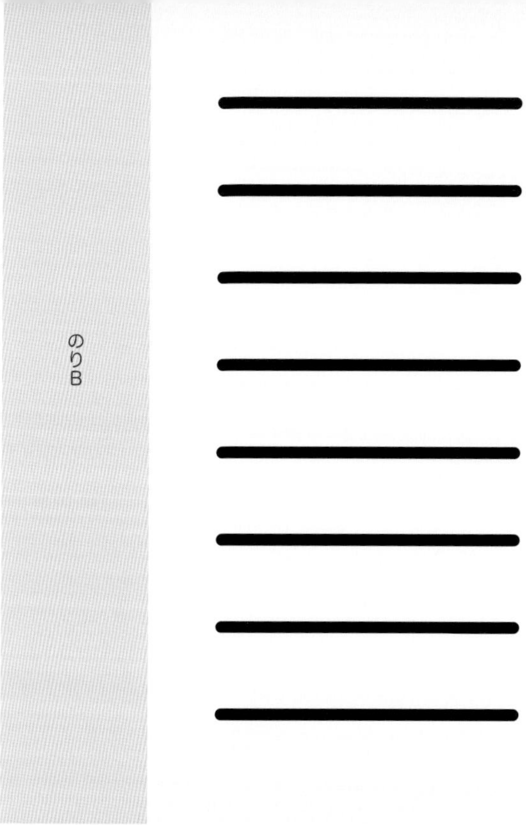

コップ

（注）コップの持ち手の中は切り抜きません。

むしばキン

舌（外）

●最初にのりAを貼り合わせ、次にのりBを貼り合わせる。

のりA

のりA

のりB

のりB

←●黒い線に沿って切ります。→

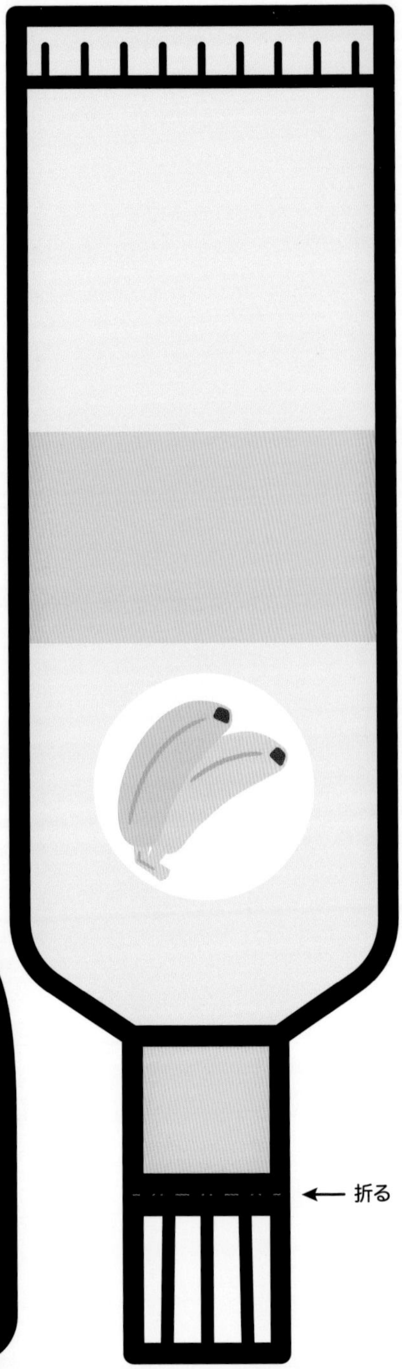

← 折る

←●キリトリ線に沿って切ります。

6

5

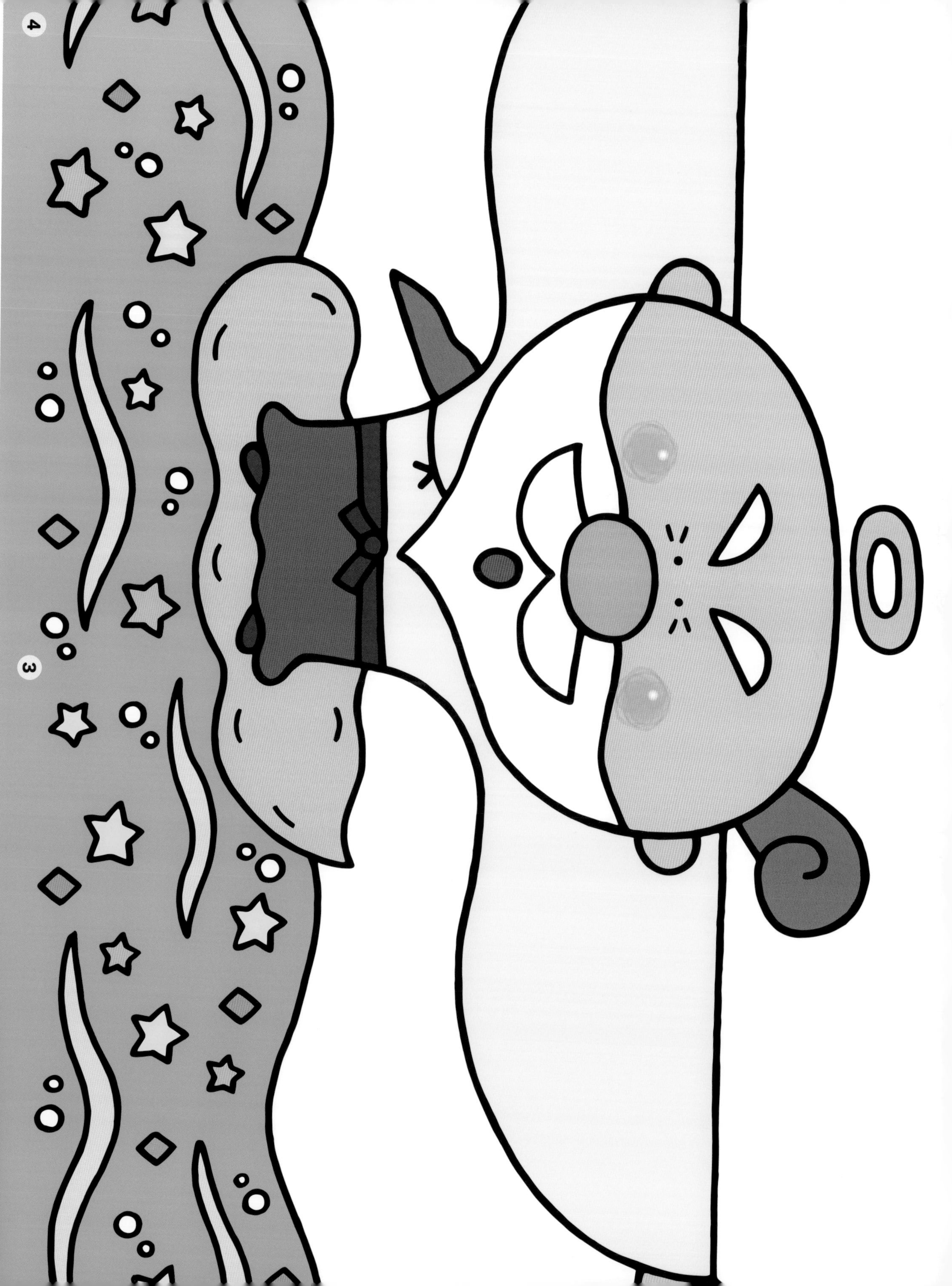

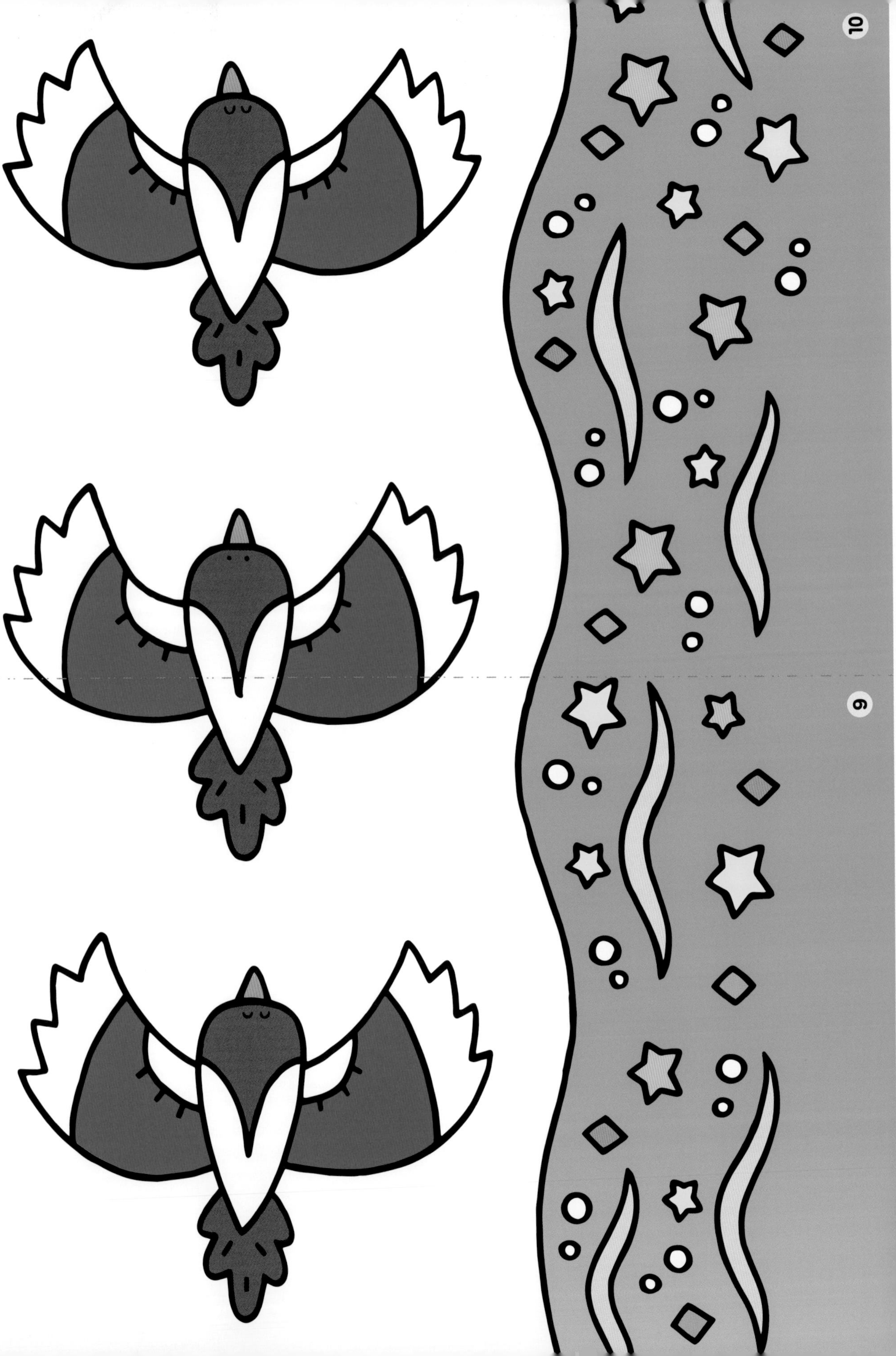

1

2

のり
のり
切り抜く
切り抜く

〈服（青）〉●点線に沿って置き、テープで貼る。

〈服（きみどり）〉●点線に沿って置き、テープで貼る。

バッグ（表）

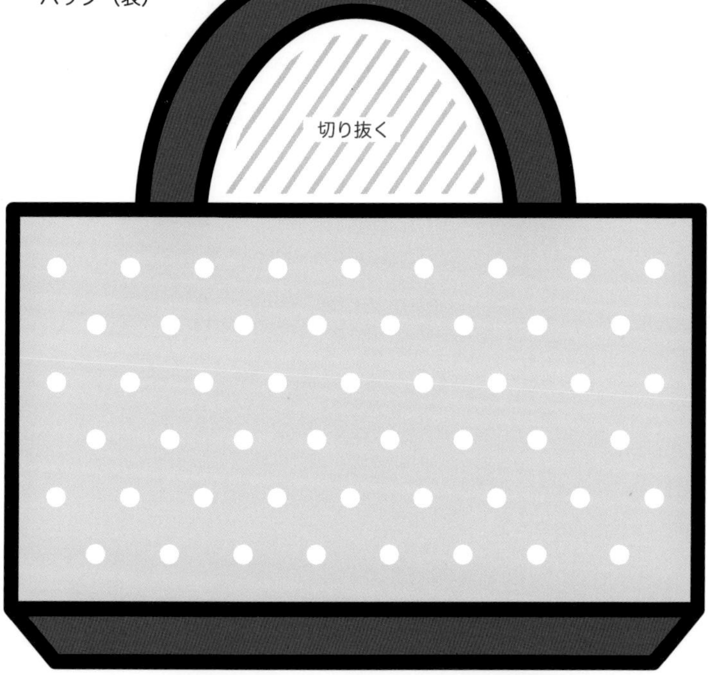

虫かご（表）

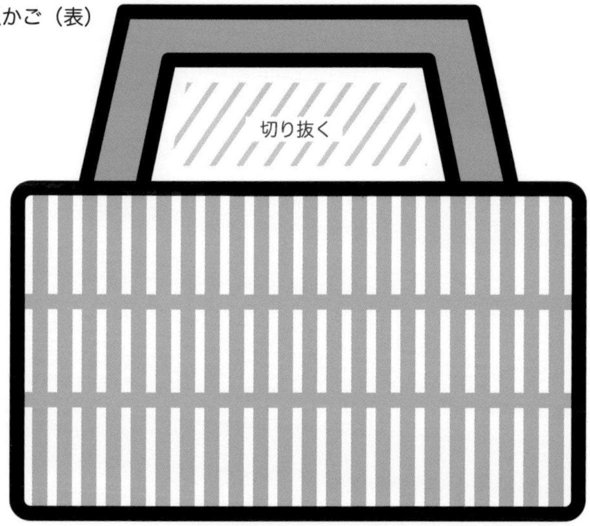

浮き輪（表）

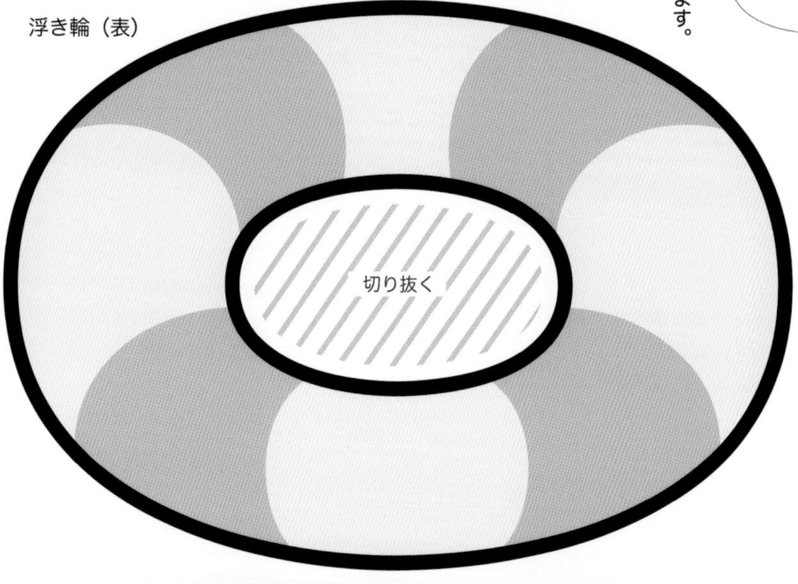

●バッグ・虫かご・浮き輪はこの面の黒い実線に沿って切ります。

虫とりあみ

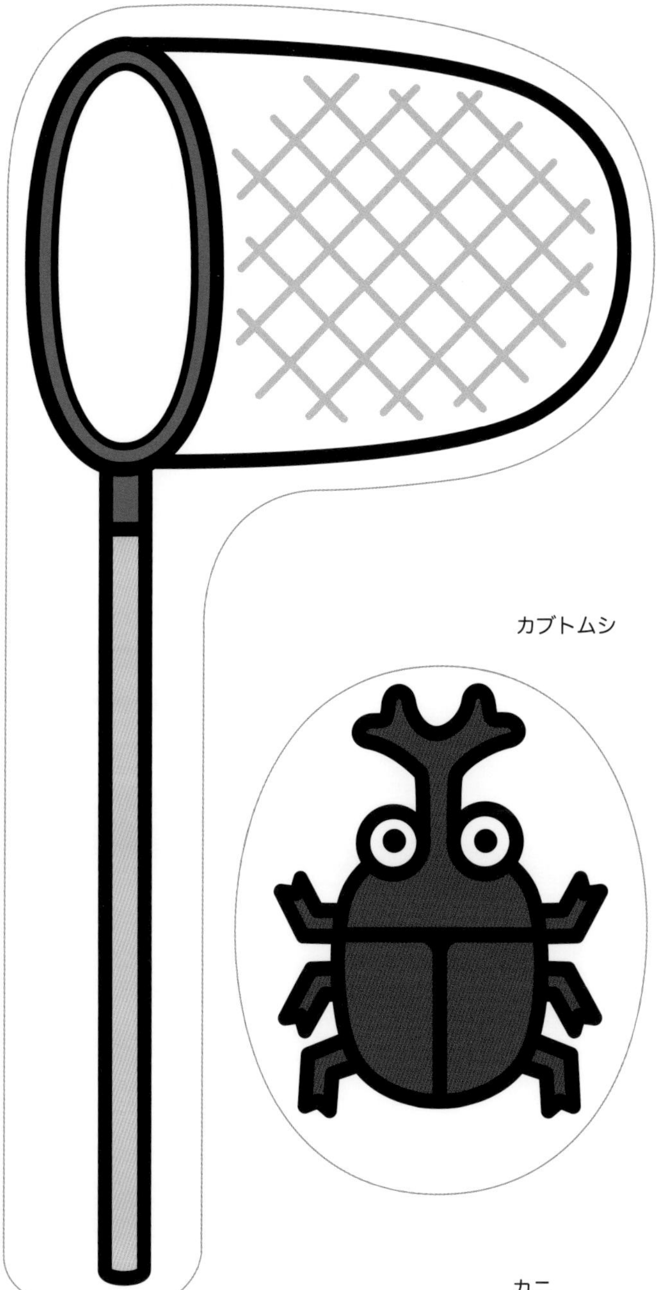

カブトムシ

カニ

虫とりあみ

カブトムシ

カニ

バッグ（裏）

虫かご（裏）

浮き輪（裏）

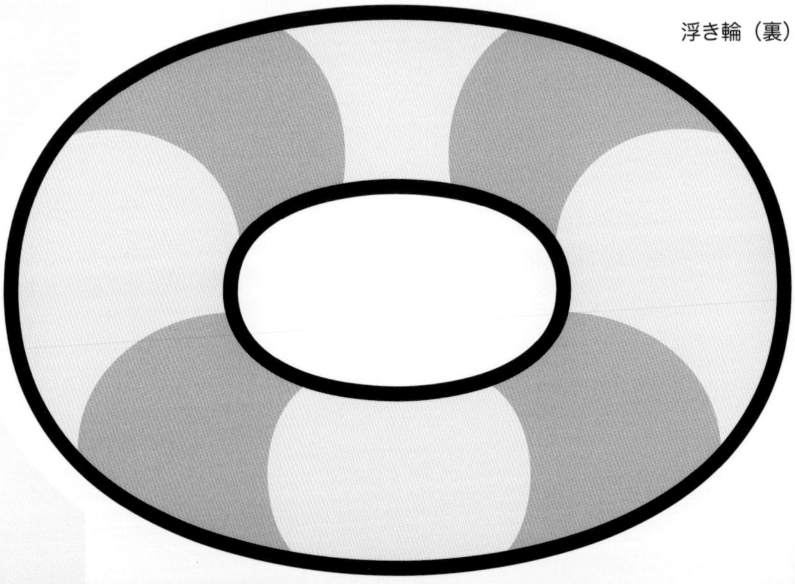

右腕（表）　　左腕（表）

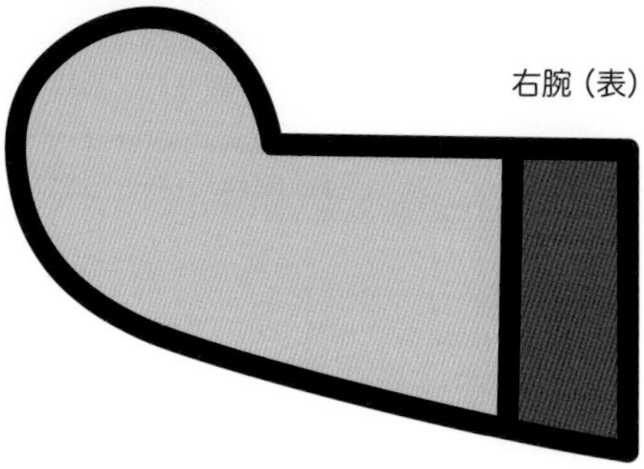

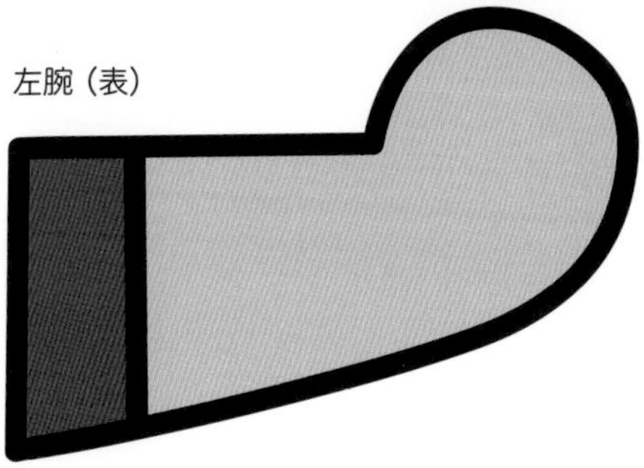

きみどりの服（表）

●右腕・左腕・帽子はこの面の黒い実線に沿って切ります。

帽子

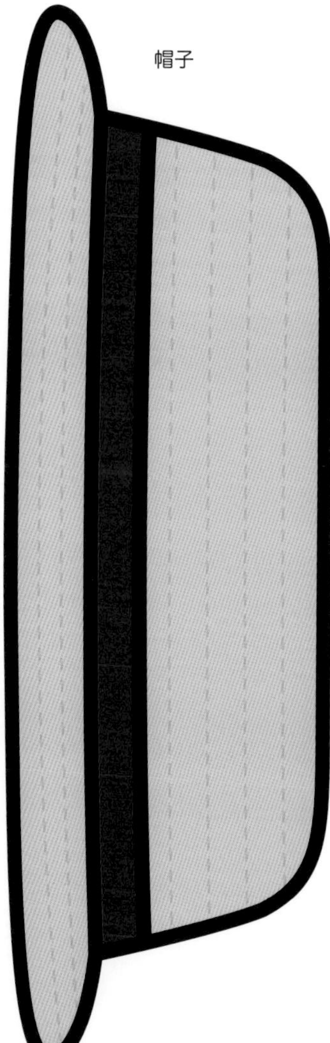

青の服（表）

左腕（裏）

のり

右腕（裏）

のり

きみどりの服（裏）

天

セロハンテープで貼る

地

のり

青の服（裏）

天

セロハンテープで貼る

地

にゃんちゅう いもほり

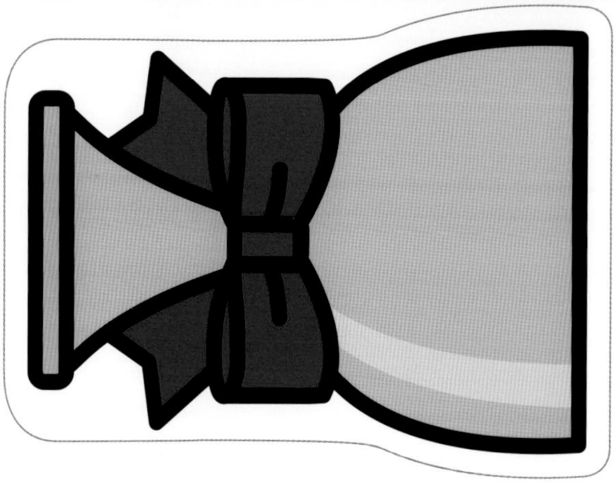

優勝カップ

切り込み

カードA（表：青空）

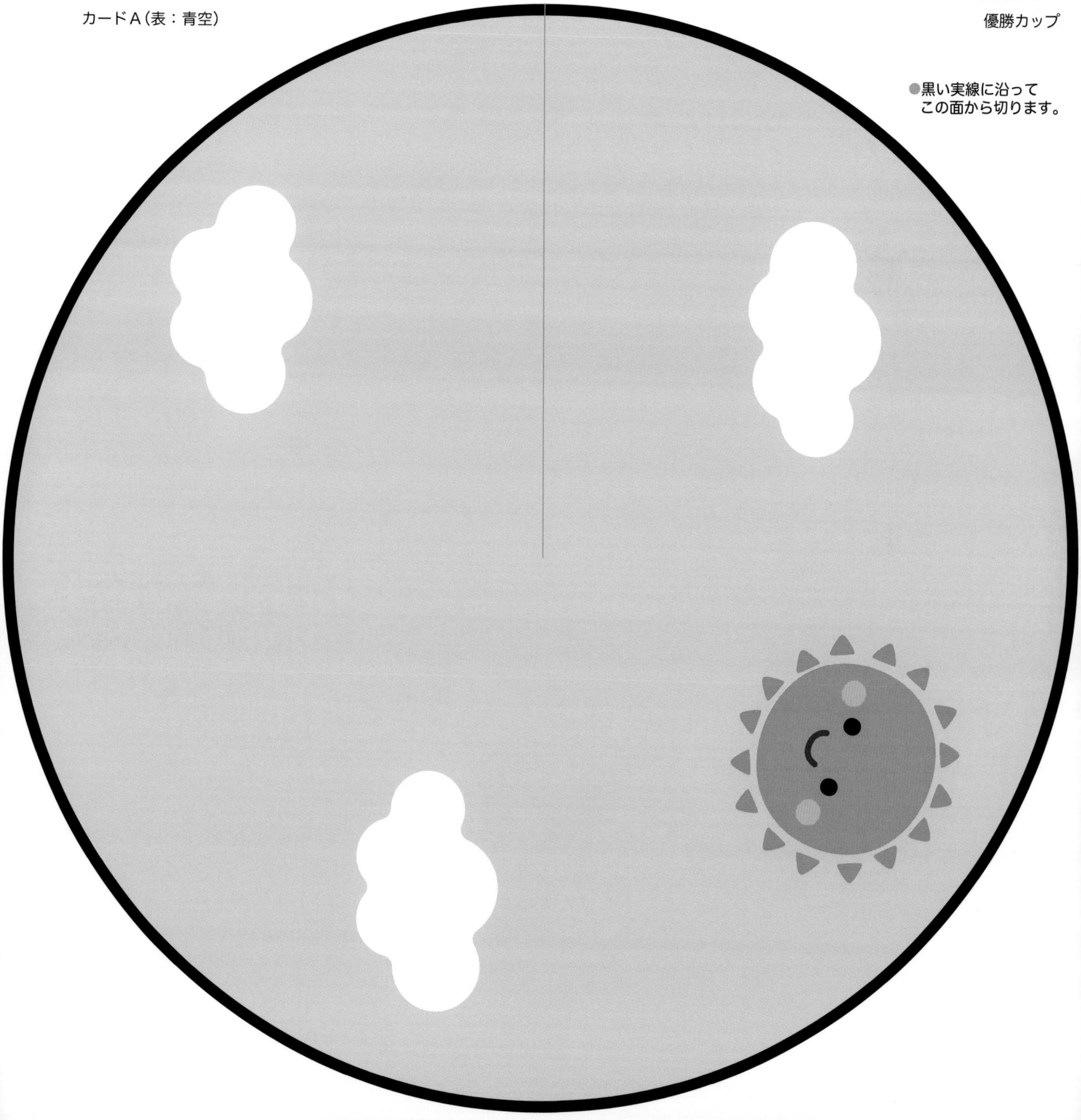

●黒い実線に沿って
この面から切ります。

カードA（裏：旗）

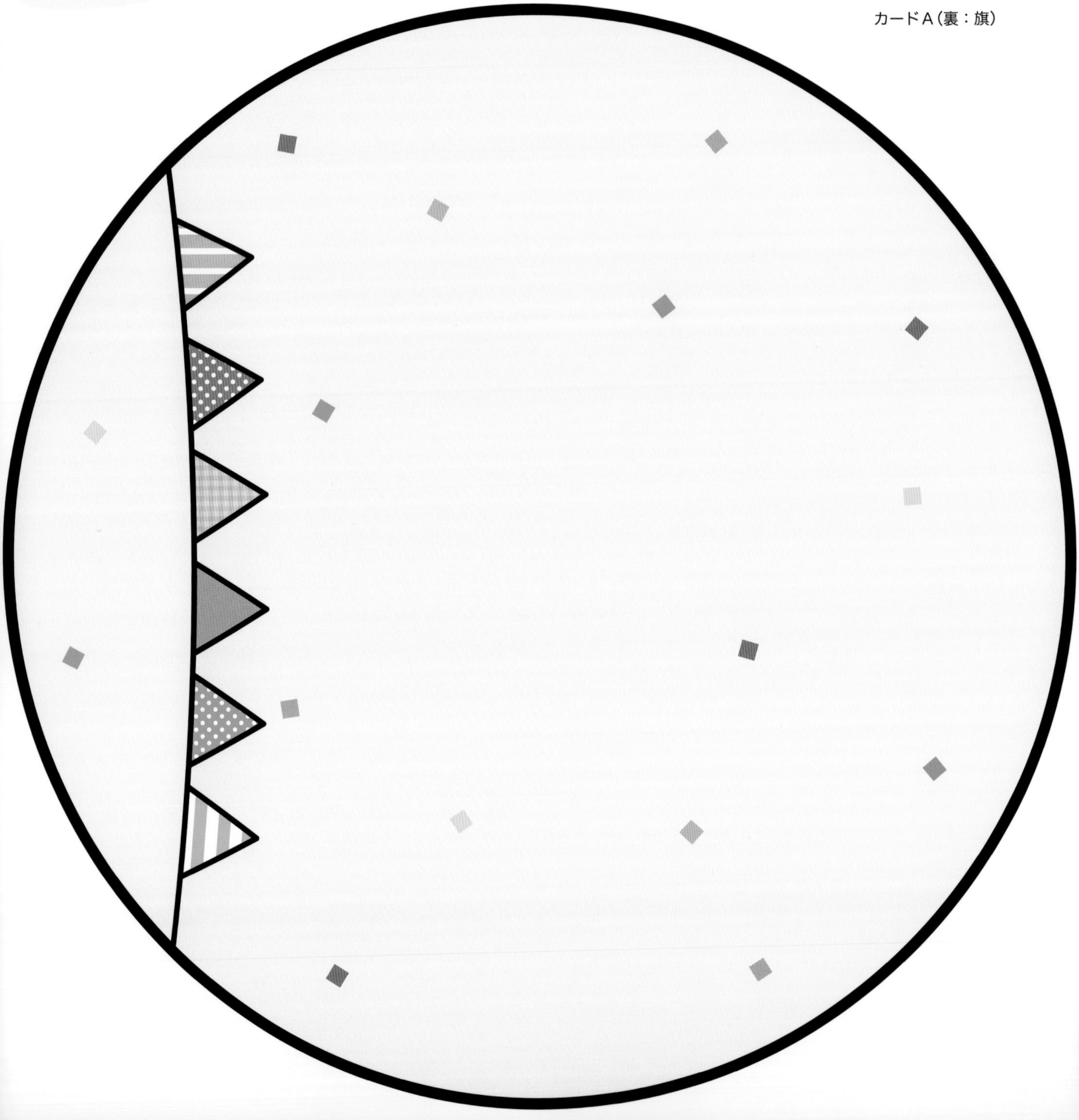

●黒い実線に沿ってこの面から切ります。

カードB（表：かけっこ）

カードB（裏：集合）

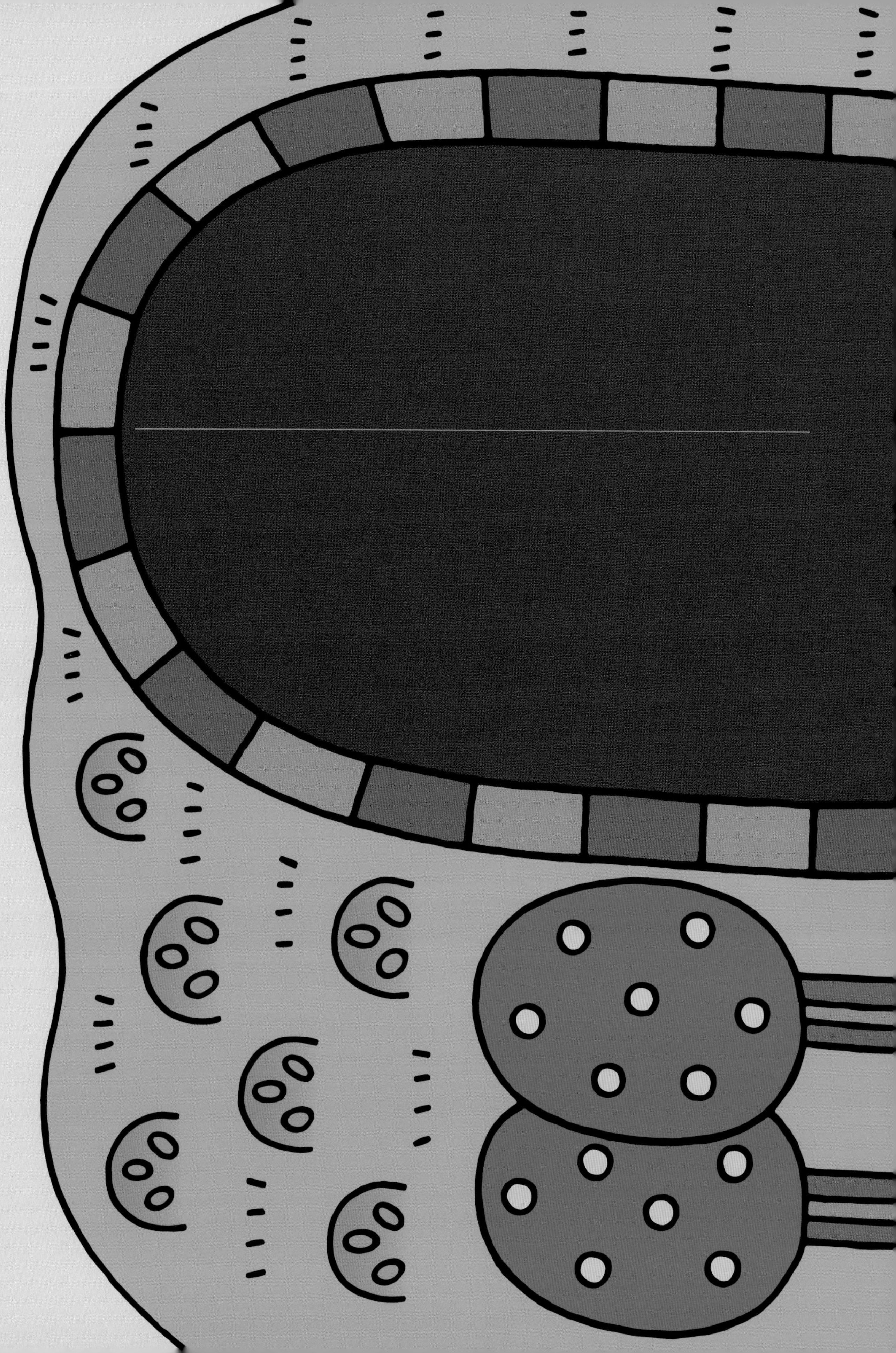

トンネル（裏）

（注）表面からトンネルに切り込みを入れます。

はしご車（表）⬆

⬇トラック（表）

●青い線に沿って切る。

⬆はしご車（裏）

⬇トラック（裏）

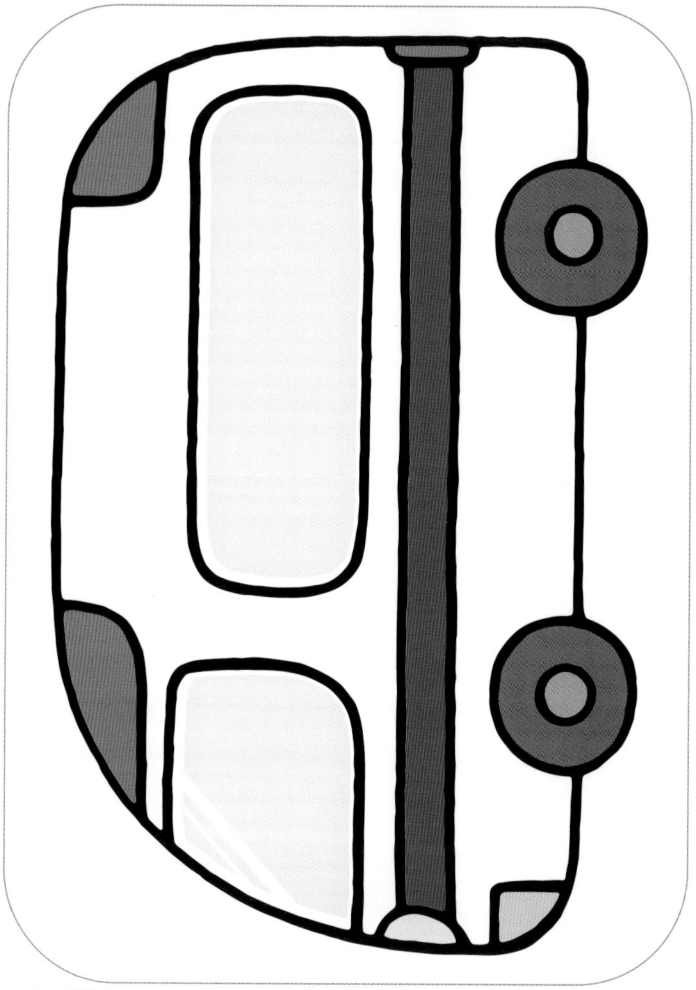

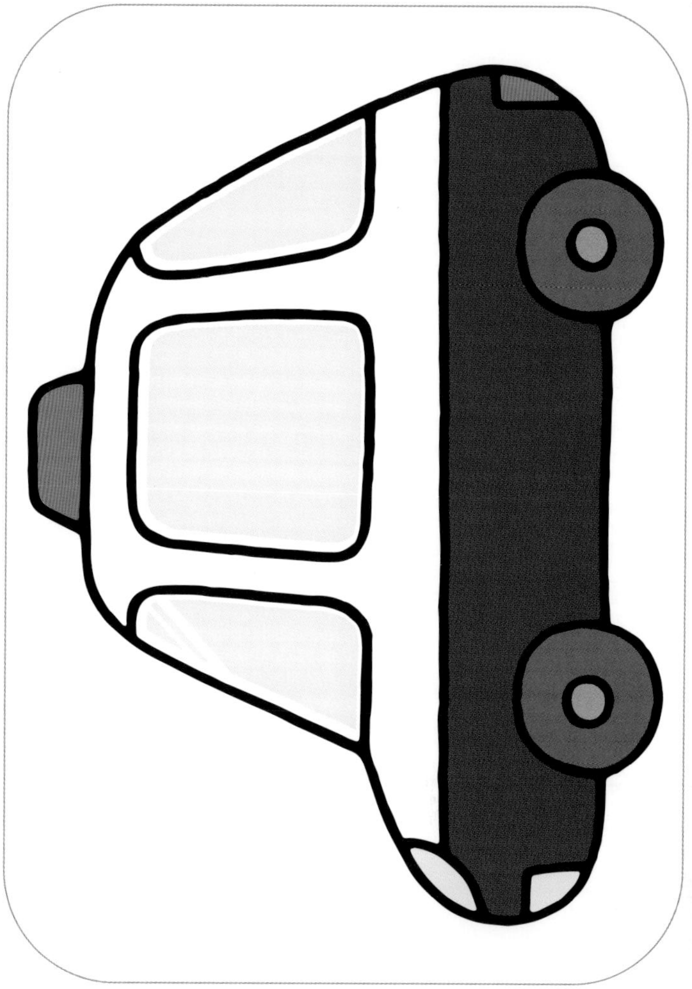

⬇バス（裏）　⬆救急車（裏）　⬆パトカー（裏）

⬇バス（表）

⬆パトカー（表）

⬆救急車（表）

白うさぎ

白ねこ

白ねずみ

白くま

黒ねこ

黒うさぎ

黒くま

黒ねずみ

●黒い実線に沿ってこの面から切ります。

雪 A

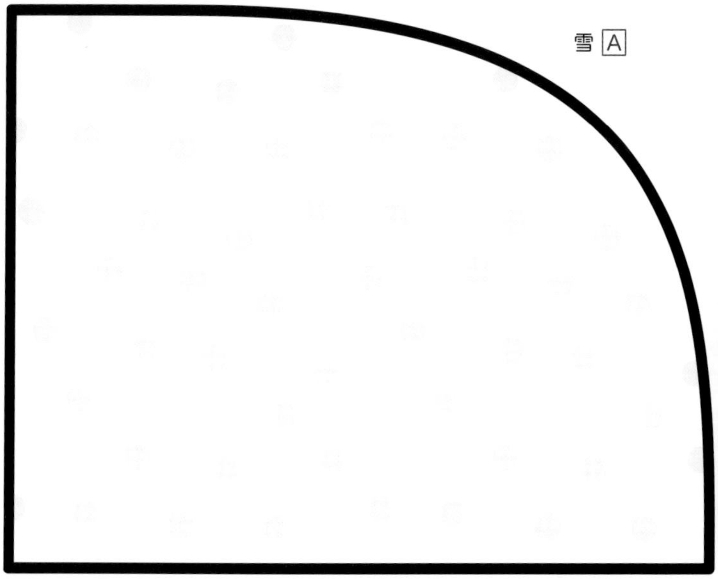

土 D

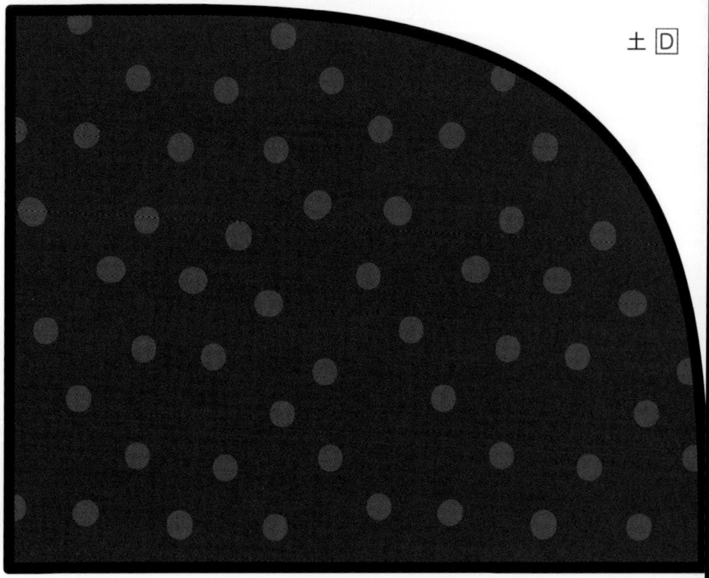

雪 B

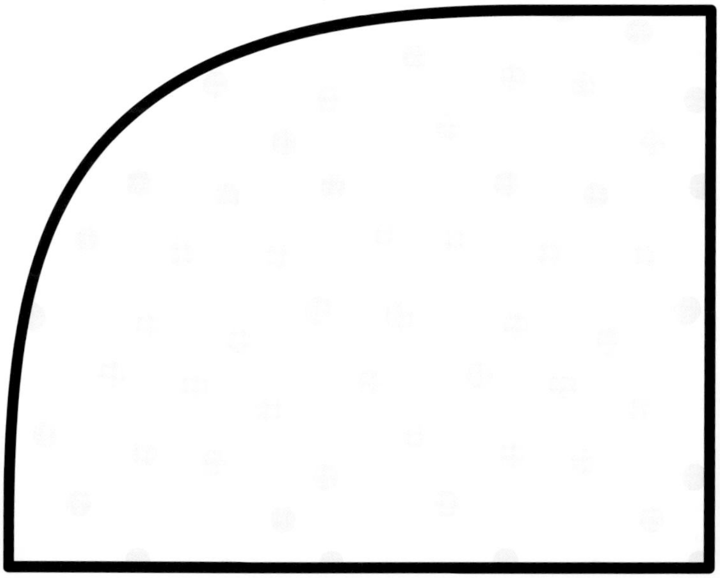

土 E

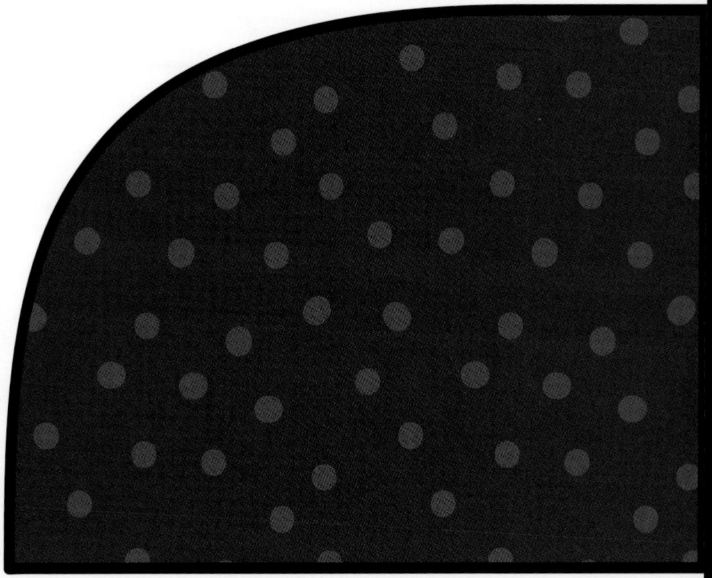

雪 C

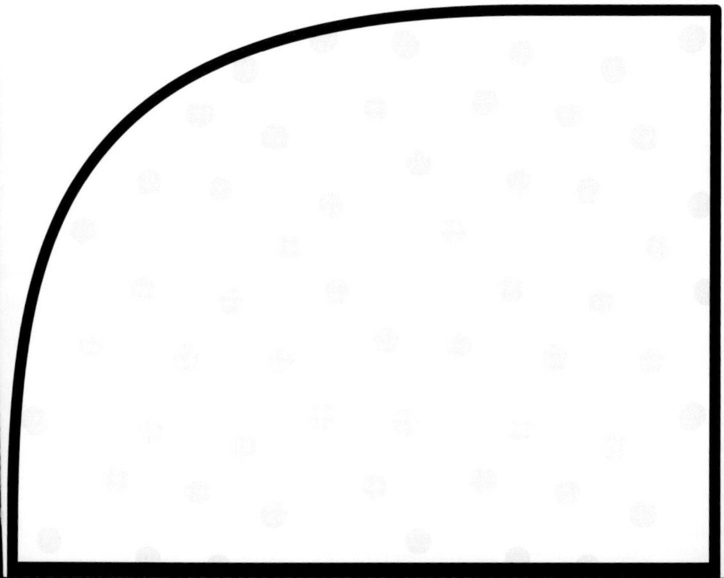

土 F

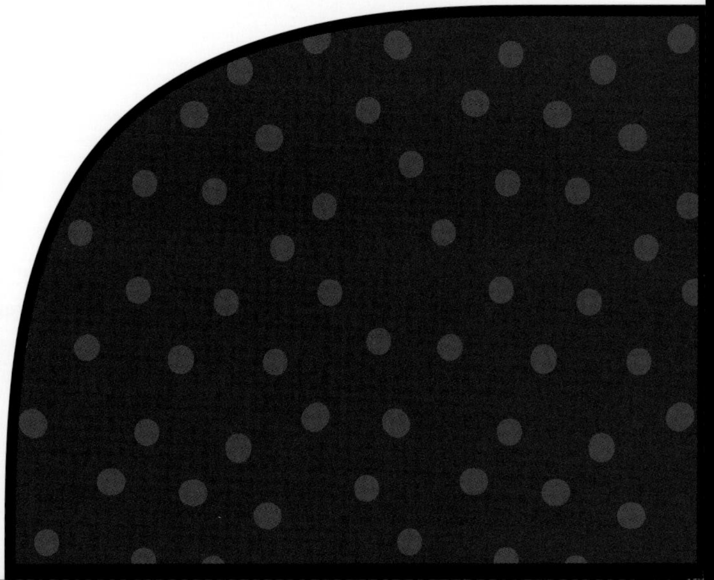

天

のり

地

D

のり

天

のり

地

A

のり

天

のり

E

地

のり

天

のり

B

地

のり

のり

地

天

F

のり

のり

地

天

C

のり

のり

A

のり

のり

B

のり

のり

C

のり

のり

D

のり

のり

E

のり

のり

F

のり

（のりをつけない）

天

のり

地

〈さんぼうの台〉

●鏡餅・さんぼうの台・おすもうさんの手はこの面から黒い実線に沿って切ります。
●きねはキリトリ線に沿って切ります。

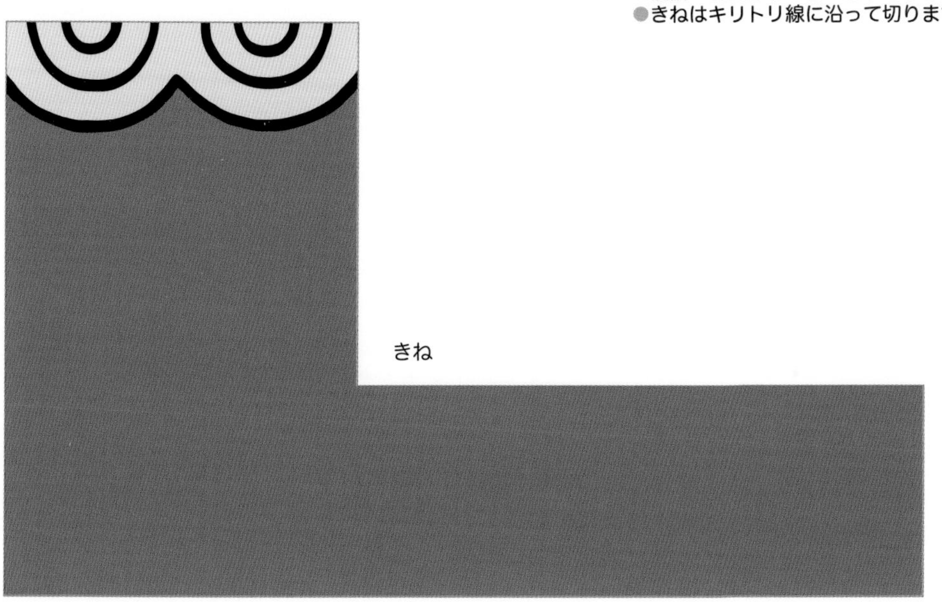

きね

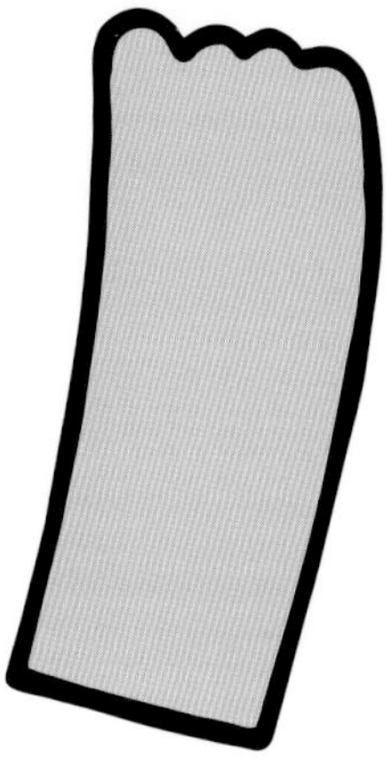

おすもうさんの手

さんぼうの台

鏡餅

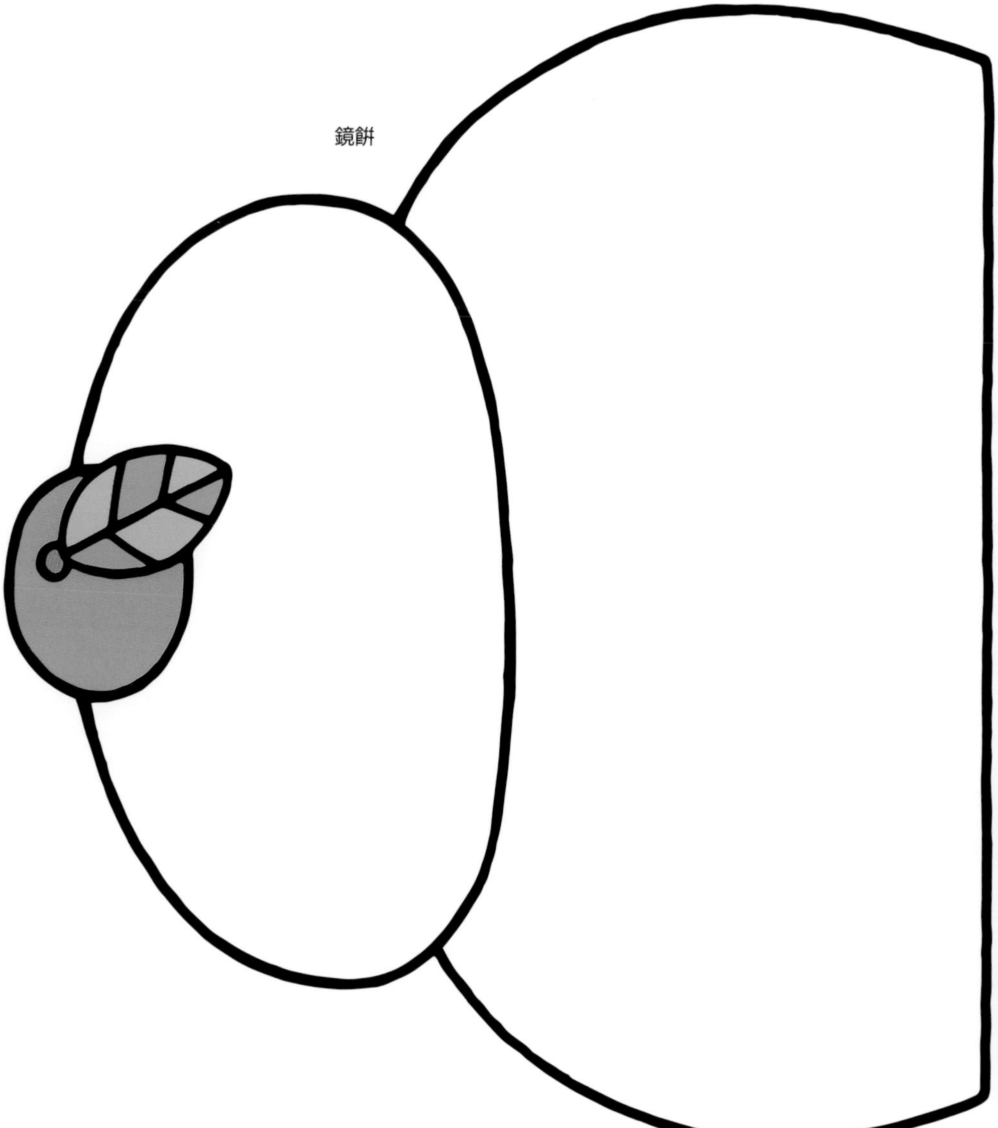

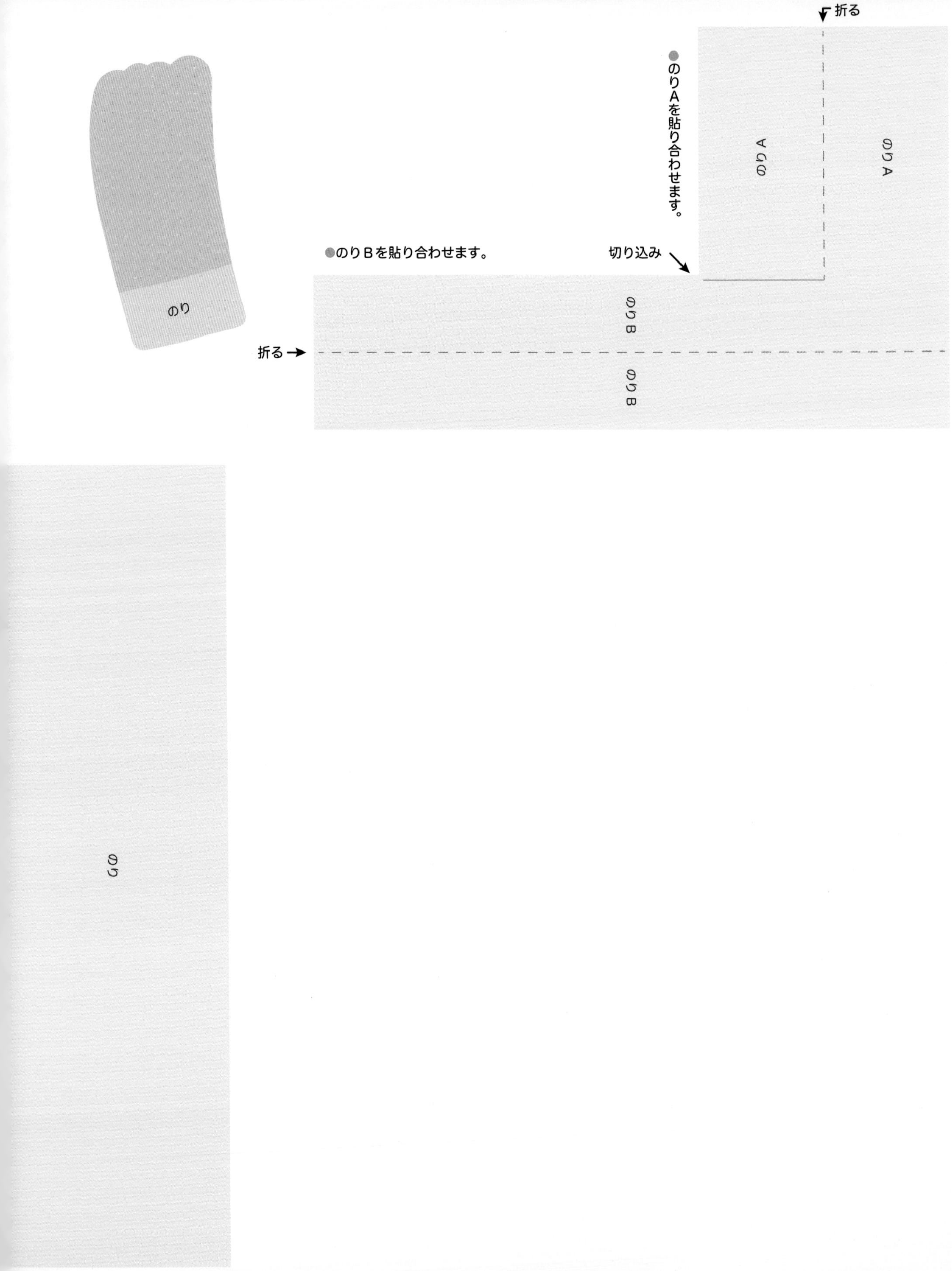

折る
●のりAを貼り合わせます。
のりA
のりA
●のりBを貼り合わせます。
切り込み
のり
のりB
折る
のりB
のり

切り抜く

オニちゃん（裏）

ストッパーA　のり（天）

ストッパーB　のり（天）

●表からパンツの形に切り抜く

ストッパーA　のり（地）

ストッパーB　のり（地）

ストッパーA（内）

●全てキリトリ線に沿って
この面から切ります。

のり（地）

のり（天）

柄（ヨゴレ）

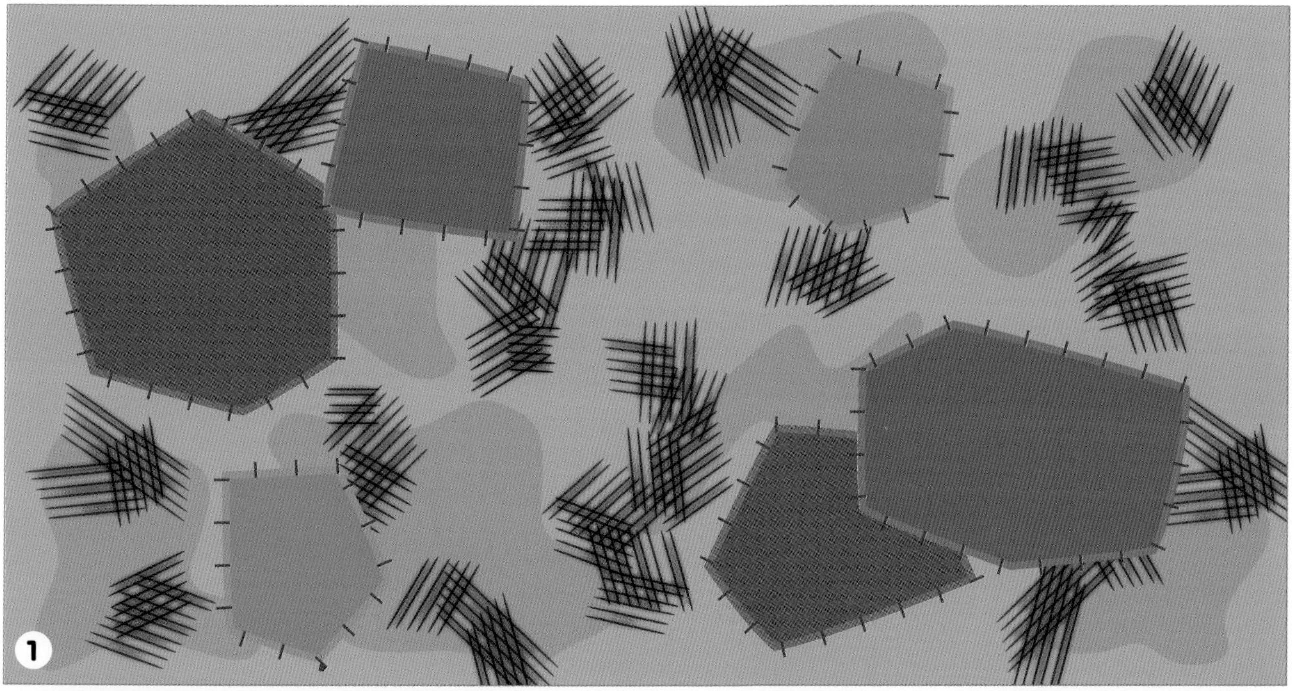

1

柄（花）

2

ストッパーA（外）

柄（チョウ）

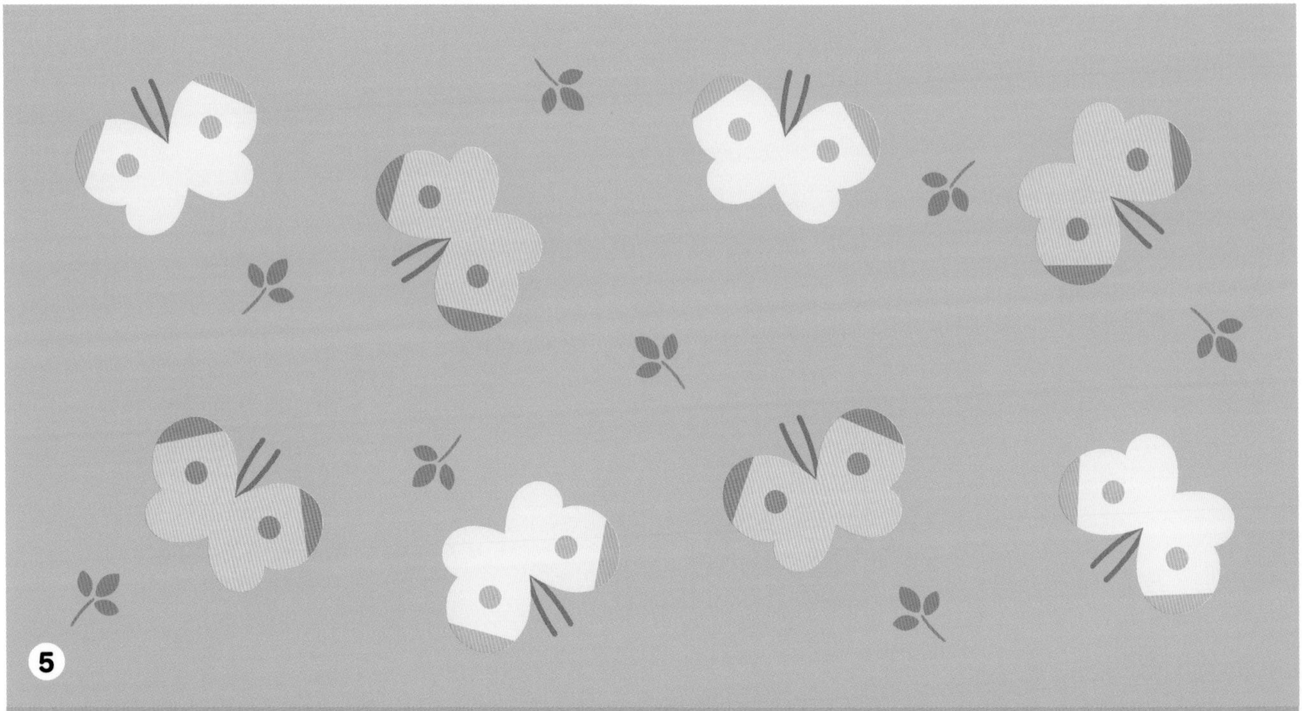

柄（ハート）

ストッパーB（内）

●全てキリトリ線に沿って
この面から切ります。

のり（地）

のり（天）

柄（おにぎり）

3

柄（トラ縞）

4

ストッパーB（外）

柄（電球）

7

柄（リボン）

8

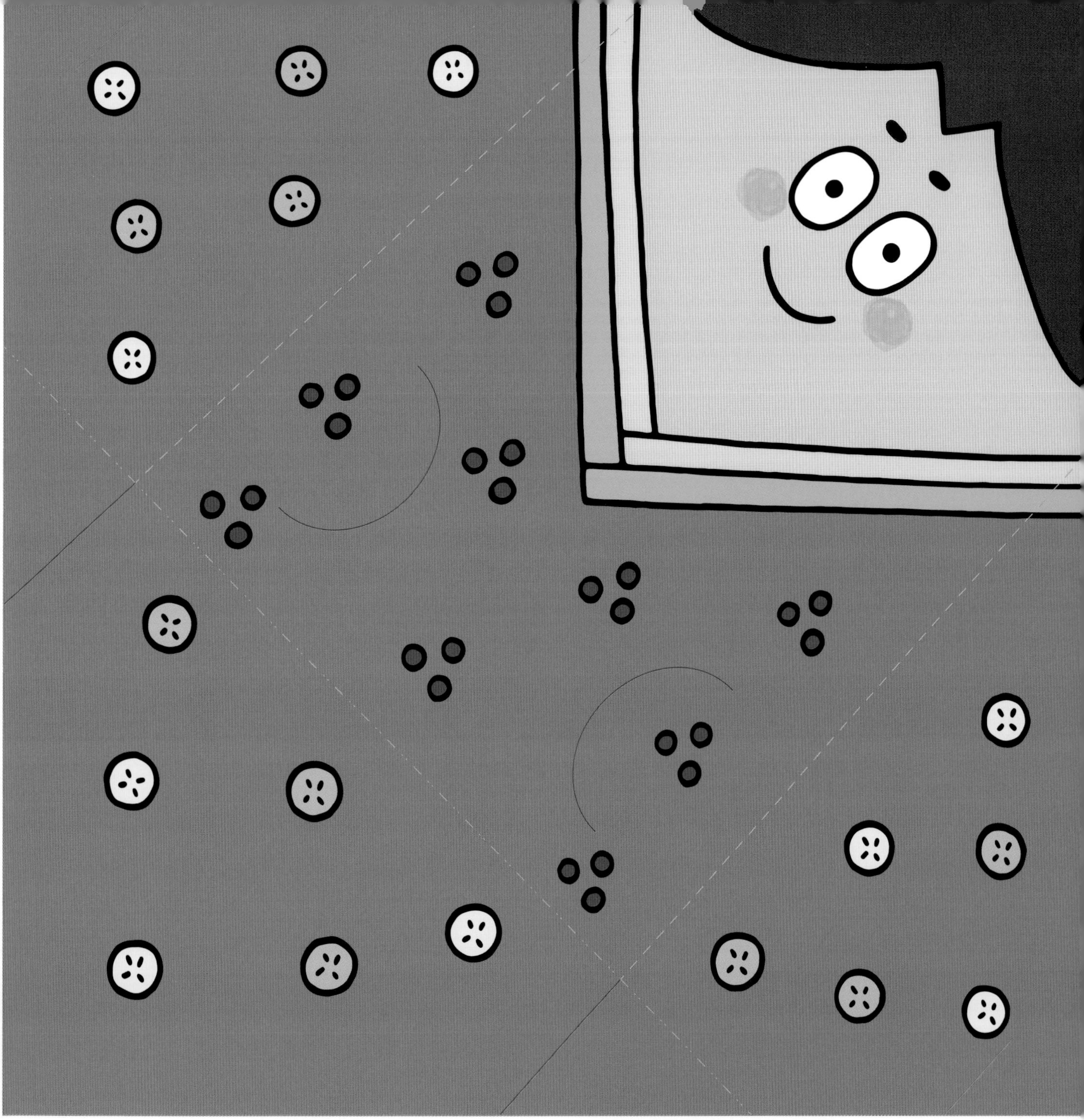

おびな（表）

●おびなは赤い線を切り込みます。

●えぼしは黒い実線に沿って切ります。

●おびな・柵はキリトリ線に沿って
この面から切ります。

柵（表）

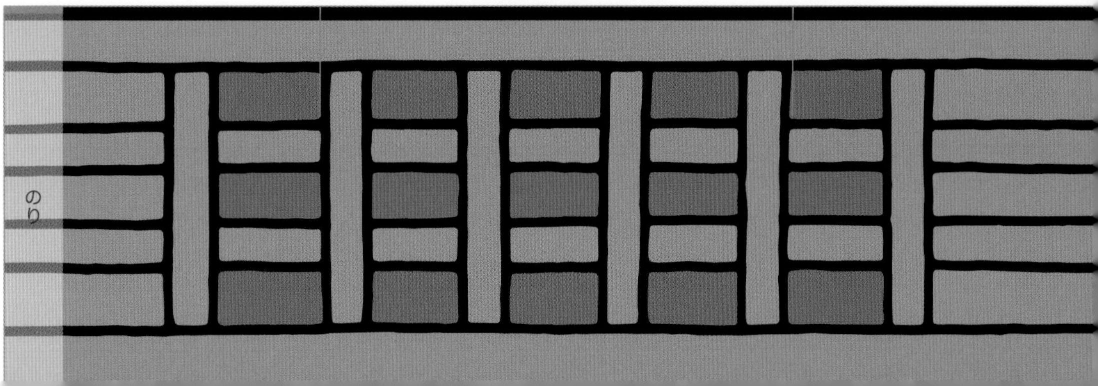

えぼし（表）

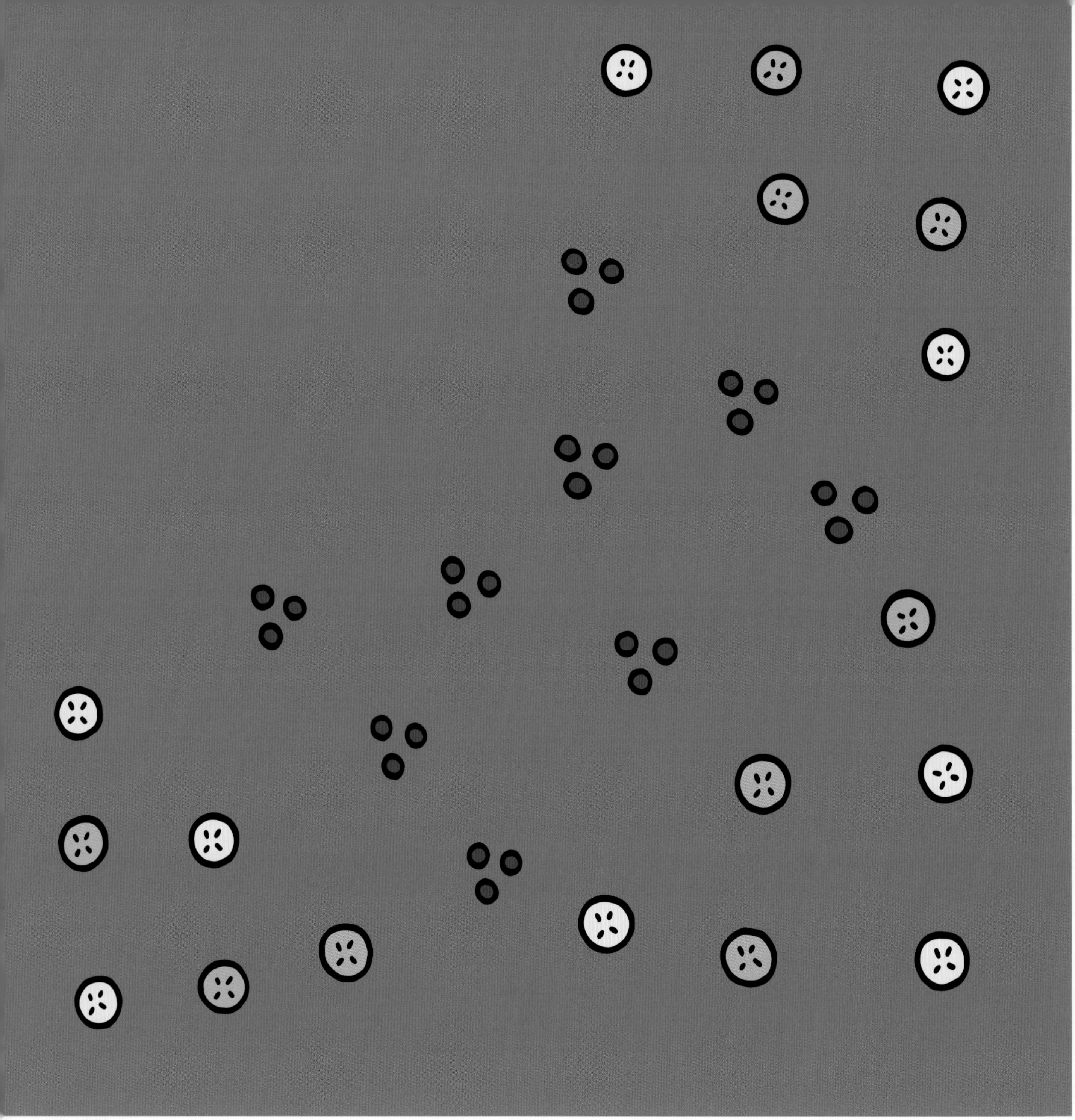

おびな（裏）

●柵はのりで貼り合わせ、輪にします。

柵（裏）

のり

えぼし（裏）

めびな（表）

●かんむりは黒い実線に沿って切ります。
●めびな・柵はキリトリ線に沿って
この面から切ります。

かんむり（表）

柵（表）

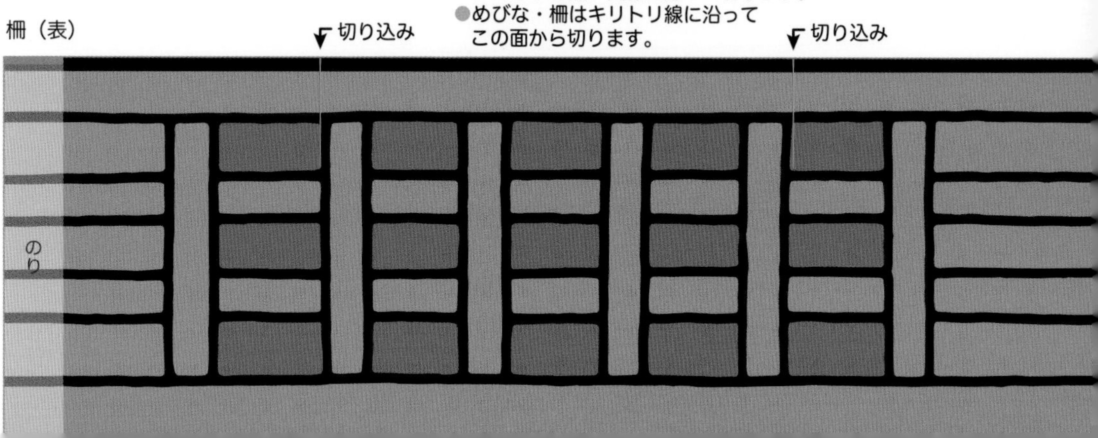

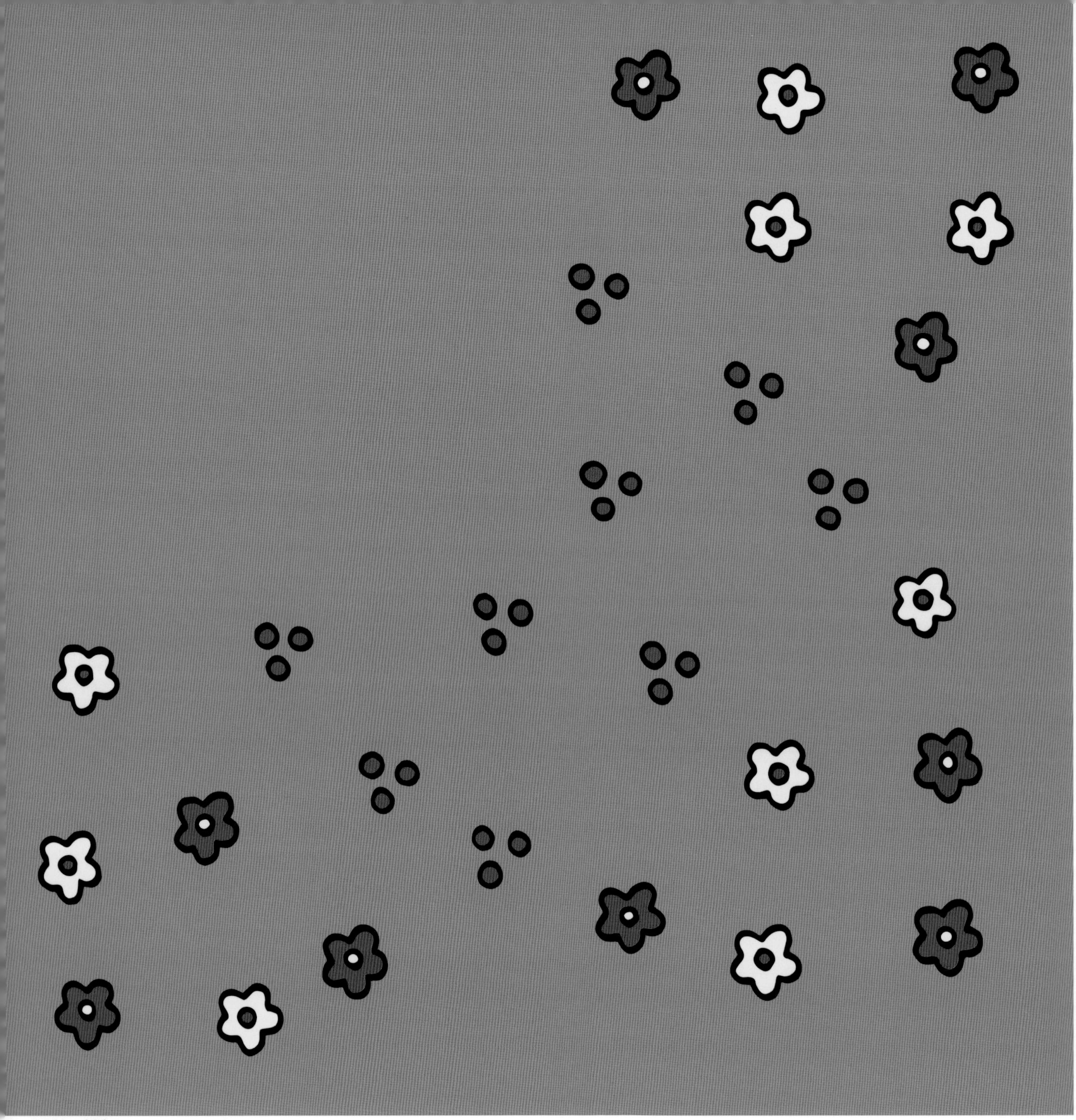

めびな（裏）

●柵はのりで貼り合わせ、輪にします。

柵（裏）

のり

かんむり（裏）

のり

本（表）

ボール（表）

帽子（表）

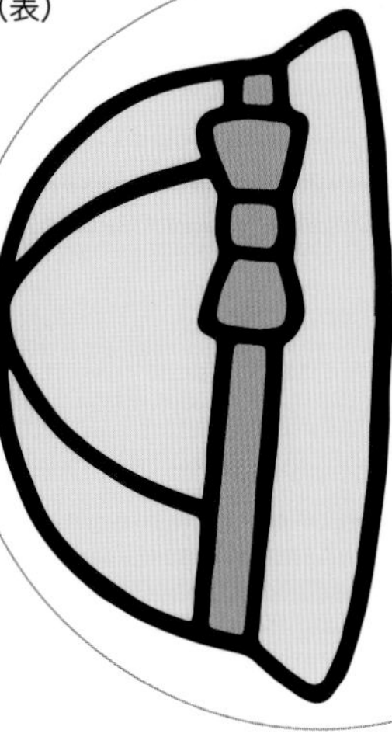

たちばな
（表）

ケーキ
（表）

ひしもち
（表）

さくら
（表）

ひなあられ
（表）

●すべてこの面から
切ります。

帽子（裏）

ボール（裏）

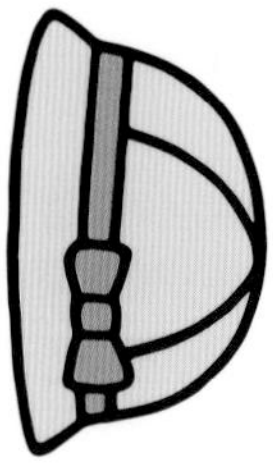

本（裏）

たちばな
（裏）

ケーキ
（裏）

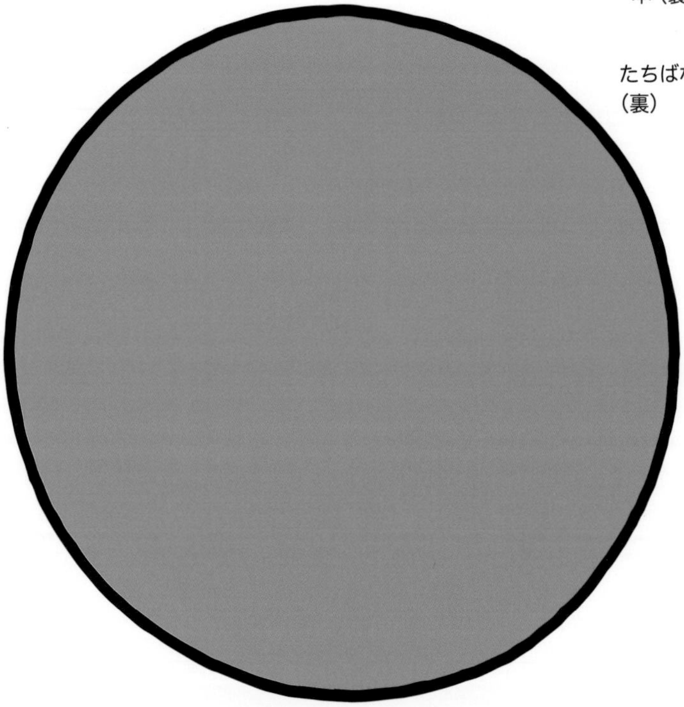

ひしもち
（裏）

さくら
（裏）

ひなあられ
（裏）

⬆シャベル

⬇ジョウロ

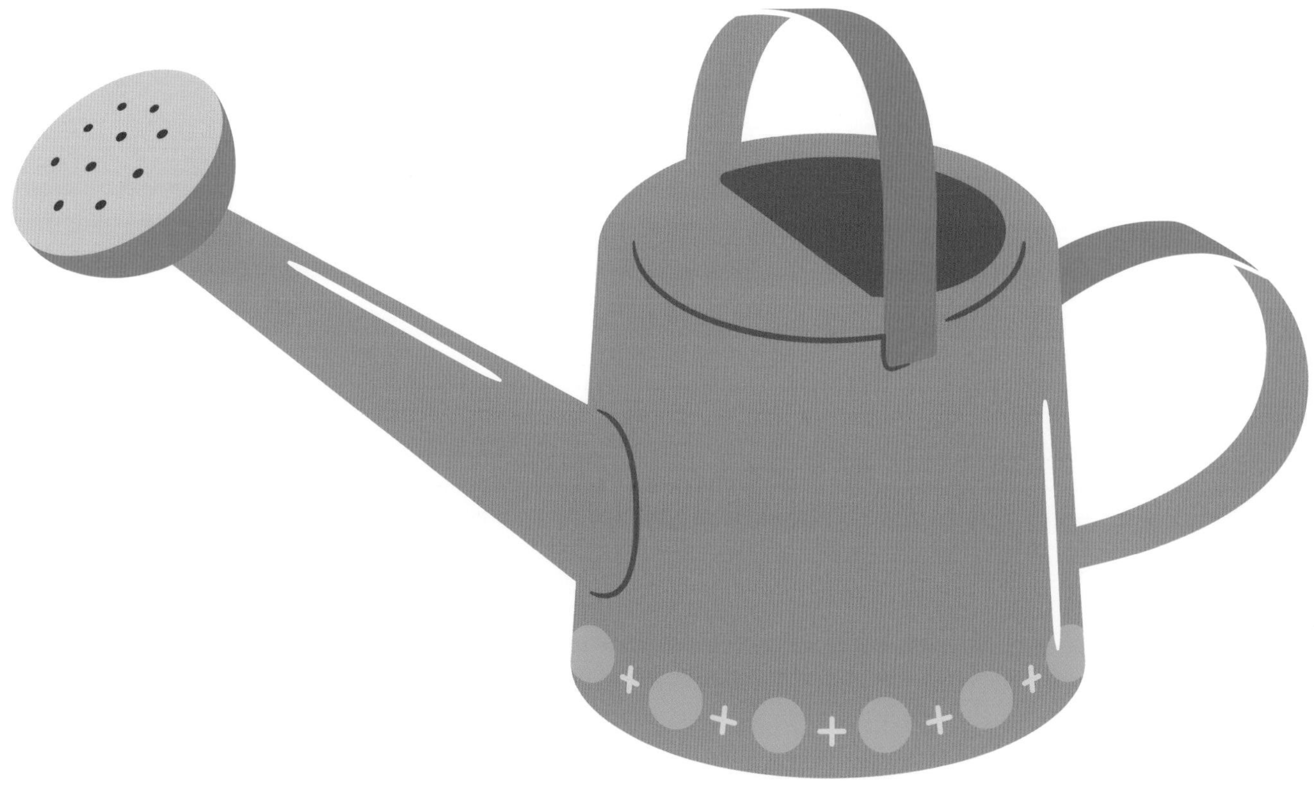

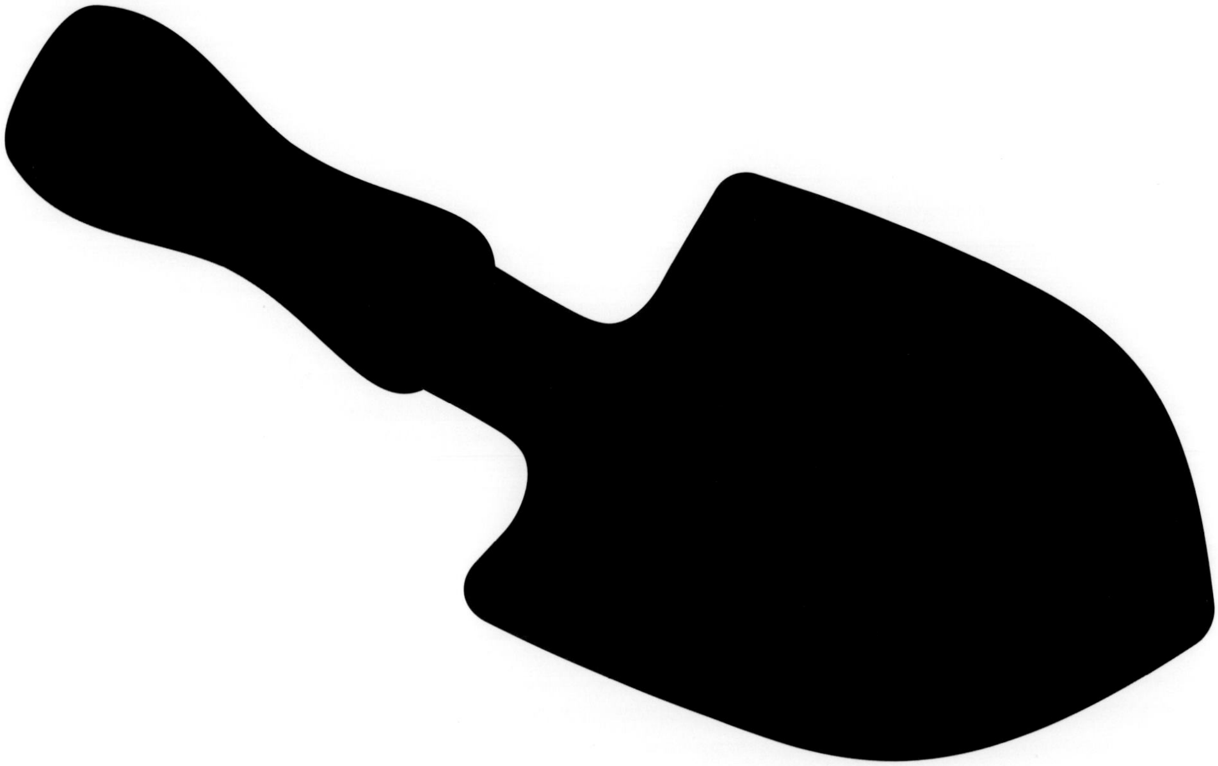

⬆バケツ ⬇水道

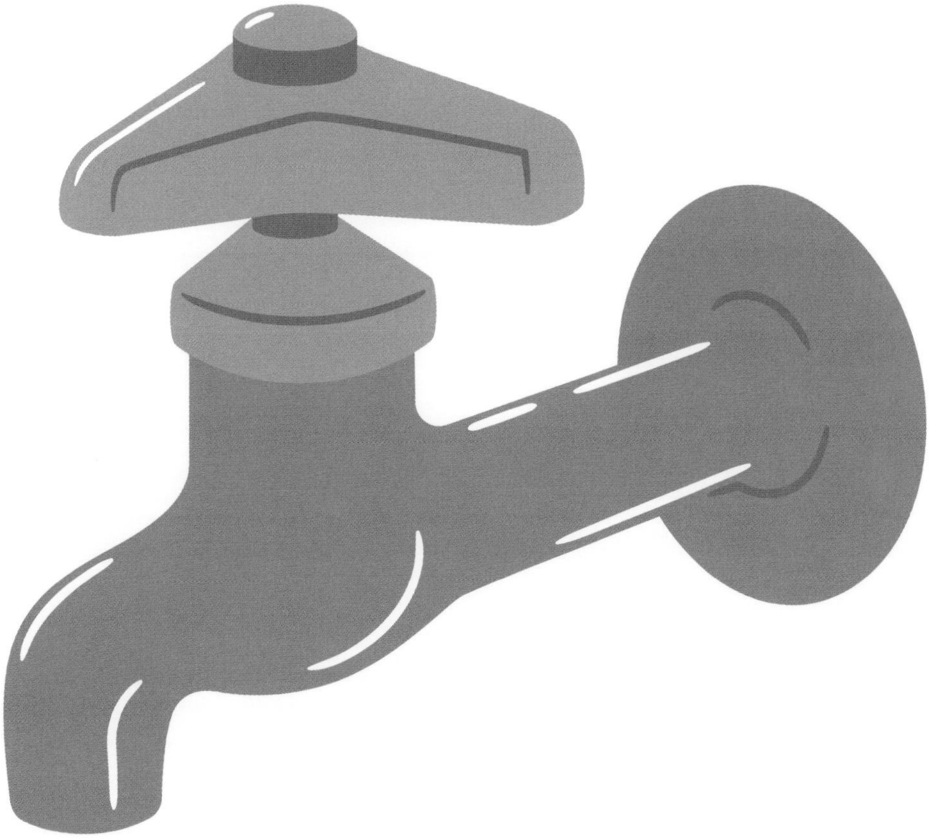

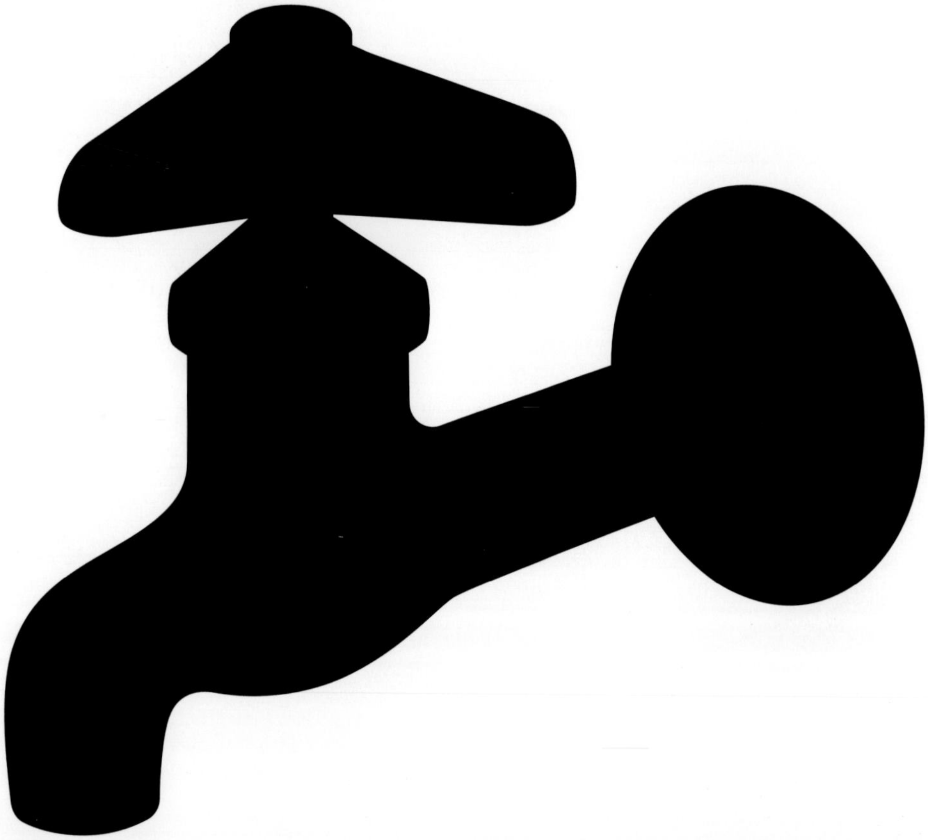